100% DELF A1 scolaire et junior

Corrigés

par
Martina Angele
Gabrielle Bosse
Marie Cravageot
Laure Soccard-Güler

Ernst Klett Sprachen
Stuttgart

Table de matières

1ère édition 1 5 4 3 | 2025 24 23 22 21

Adresse Internet : www.klett-sprachen.de

Rédaction : Sylvie Cloeren
Conception de la mise en page : Elmar Feuerbach
Maquettiste : Eva Mokhlis, Swabianmedia, Stuttgart
Composition de la couverture : Elmar Feuerbach
Impression et reliure : Digitaldruck Tebben GmbH, Biessenhofen

Imprimé en Allemagne

978-3-12-529408-0

9 783125 294080

1 Compréhension de l'oral

Transcription des documents audio

L'enregistrement comporte l'ensemble des consignes ainsi que les temps de pause entre les écoutes.
Le surveillant ne doit donc pas intervenir avant la fin de l'épreuve.

DELF A1 version scolaire et junior, épreuve orale collective

Exercice 1

Vous allez entendre 2 fois un document. Vous avez 30 secondes de pause entre les deux écoutes puis 30 secondes pour vérifier vos réponses. Lisez les questions.

[pause de 30 secondes]

Première écoute

Maman	Mais qu'est-ce que tu as ?
Marianne	Maman, je suis tombée à l'école et maintenant, ma jambe et ma tête font très mal.
Maman	Attends, je vais regarder. Bon, on va aller chez le médecin.
Marianne	Tu crois ?
Maman	Je vais téléphoner pour prendre rendez-vous. Mais maintenant, tu vas rester au lit.
Marianne	Non, je ne veux pas rester au lit, je reste sur le canapé, devant la télévision.

[pause de 30 secondes]

Deuxième écoute

[pause de 30 secondes]

Exercice 2

Vous allez entendre 2 fois un document. Vous avez 30 secondes de pause entre les deux écoutes puis 30 secondes pour vérifier vos réponses. Lisez les questions.

[pause de 30 secondes]

Première écoute
(Message répondeur)
Salut, Marie, c'est Laure ! J'ai une nouvelle voisine, elle s'appelle Anaïs. Elle est super sympa. Je l'aime beaucoup parce qu'elle est gentille. Tu veux venir avec nous manger une glace samedi ? Rappelle-moi !

[pause de 30 secondes]

Deuxième écoute

[pause de 30 secondes]

Exercice 3

Vous allez entendre 2 fois un document. Vous avez 30 secondes de pause entre les deux écoutes puis 30 secondes pour vérifier vos réponses. Lisez les questions.

[pause de 30 secondes]

Première écoute

Julia	Salut, je suis Julia et j'ai dix-sept ans. Mon frère André a 24 ans. Mes parents ont 55 et 56 ans. Ma sœur a 21 ans. Nous habitons dans une grande maison près d'un lac.

Alex	Bonjour tout le monde ! Je suis Alex, j'ai 15 ans et je suis au lycée. Mes parents sont italiens, mais nous vivons à Paris parce que mon père travaille dans cette belle ville. Mes sœurs Ursula et Lydia ont 8 et 14 ans.
Christine	Et voilà, c'est moi, Christine. Salut ! J'ai 13 ans et je vis avec mes parents dans une grande maison. Nous avons un chien et un grand jardin. Je n'ai pas de frères et sœurs mais beaucoup de copines.

[pause de 30 secondes]

Deuxième écoute

[pause de 30 secondes]

Exercice 4

Vous allez entendre plusieurs petits dialogues correspondant à des situations différentes. Vous avez 15 secondes de pause après chaque dialogue. Puis, vous allez entendre à nouveau les dialogues pour compléter vos réponses. Regardez d'abord les images.

[pause de 30 secondes]

Première écoute

Situation 1 :
- Qui a la réponse ?
- Oui, moi je sais !
- Alors, Julie, qu'est-ce que c'est ?
- C'est la réponse 3 !

[pause de 15 secondes]

Situation 2 :
- Tu veux jouer avec nous au foot ?
- Oui, bonne idée !
- Alors, c'est parti !
- Allez les bleus !

[pause de 15 secondes]

Situation 3 :
- Tu aimes les BD ?
- Oui, mais je préfère les romans. Et toi ?
- Ah non, moi j'adore les BD !

[pause de 15 secondes]

Situation 4 :
- Tu manges quoi à la cantine aujourd'hui ?
- Je vais prendre les frites ? Et toi ?
- Oh oui, moi aussi, c'est bon !

[pause de 15 secondes]

Situation 5 :
- Tu vas au cours de musique ?
- Oui, j'ai pris ma flûte !
- Super, moi aussi !

[pause de 30 secondes]

Deuxième écoute

[pause de 30 secondes]

L'épreuve est terminée. Veuillez poser vos stylos.

EXERCICE 1

1. Où se passe la scène ?
   À la maison.
2. La jeune fille a mal où ? *(2 réponses)*
   À la jambe et à la tête.
3. La jeune fille veut rester…
   ☒ sur le canapé.

EXERCICE 2

1. Laure parle de sa nouvelle…
   ☒ voisine.
2. Laure propose d'aller…
   manger une glace
3. Quel jour Laure veut sortir ?
   Samedi.

EXERCICE 3

1. Ces personnes parlent de leur…
   ☒ famille.
2. Julia vit…
   ☒ dans une maison.
3. Le père d'Alex travaille…
   ☒ à Paris.
4. Christine a un animal à la maison. C'est…
   un chien.

EXERCICE 4

Image A

Situation n° pas de situation

Image B

Situation n° 1

Image C

Situation n° 5

Image D

Situation n° 3

Image E

Situation n° 4

Image F

Situation n° 2

2 Compréhension des écrits

EXERCICE 1

1. Les élèves ont rendez-vous…
   ☒ à la cantine.
2. Les élèves doivent apporter… *(2 réponses)*
   ☒ des boissons.
   ☒ de la musique.
3. À quelle heure les élèves ont rendez-vous ?
   À 14 h.

EXERCICE 2

1. Ce document parle des accidents…
   ☒ de voitures.
2. Il y a combien d'accidents en France chaque année ?
   Plus de 3000.
3. Vous voyez un accident, vous appelez qui ? *(2 réponses)*
   ☒ La police.
   ☒ Les pompiers.

EXERCICE 3

	Jour	Programme
Elsa s'intéresse à la littérature.	mercredi	livres et magazines
Julien a envie de voir un film.	mardi	le programme du cinéma
Lilly veut jouer sur l'ordinateur.	jeudi	les top des jeux vidéo

EXERCICE 4

1. Julien est en vacances chez…
   ☒ son cousin.
2. Chez Paul, il y a… *(2 réponses)*
   une salle de bains, un lit.
3. Quel temps il fait en Italie ?
   Il fait beau.
4. Julien rentre quel jour ?
   Samedi.

3 Production écrite

EXERCICE 1

Abonnement

Nom : XXXX

Prénom : Alex

Date de naissance : 23 janvier 2001

Lieu de naissance : Hambourg

Adresse : 10 rue de la Tour Eiffel

Ville : Paris

Numéro de téléphone : 01 64 45 48 49

Courriel : alex97@ yahoo.de

École: deutsch-französische Schule, Hambourg

Premier jour de votre abonnement : 1er juillet

Dernier jour de votre abonnement : 31 juillet

EXERCICE 2

Nouveau Message

Fichier Édition Affichage Insertion Format Outils Message ?

Envoyer Enregistrer Imprimer Joindre Contacts

De :

Objet :

Bonjour,
Je veux réserver une semaine de vacances au camping. Nous arrivons le samedi 15 avril et nous partons le samedi 22 avril. Nous sommes quatre personnes (deux adultes et deux enfants). On peut faire quoi comme activités ?
Merci de votre réponse,
cordialement,
Marc
(43 mots)

4 Production orale

Déroulement de l'épreuve : vous indiquez très clairement au candidat les trois parties de l'épreuve. Vous lui donnez les cartes sur lesquelles figurent les mots-clés pour la 2e partie de l'épreuve, les photos ou dessins, ainsi que les billets et les pièces de monnaie pour la troisième partie de l'épreuve. Les 10 minutes de préparation dont dispose le candidat avant l'épreuve sont destinées à lui permettre de se préparer aux parties 2 et 3.
Durée totale de passation de l'épreuve : 5 à 7 minutes.

Vous disposez de 10 minutes de préparation pour les parties 2 et 3 (échange d'informations et dialogue simulé).

1 ENTRETIEN DIRIGÉ – *1 minute environ*

***Objectif :* se présenter, parler de soi.**
Les questions posées très lentement au candidat lui permettent de parler de lui-même, de sa famille, de ses goûts et de ses activités... Si le candidat ne comprend pas, vous reformulez la question.
Exemples de questions :
- Vous vous appelez comment ?
- Votre nom, comment ça s'écrit ?
- Parlez-moi de votre famille. Vous avez des frères et sœurs ? Ils habitent où ? Qu'est-ce qu'ils font ?
- Quelle est votre nationalité ?
- Quelle est votre ville d'origine ? Parlez-moi de votre appartement/de votre maison.
- Parlez-moi d'une journée habituelle. Vous vous levez à quelle heure ? Qu'est-ce que vous mangez pour le petit-déjeuner ? Vous rentrez à quelle heure ? Qu'est-ce que vous faites le soir ?
- Vous habitez loin d'ici ?
- Vous êtes en quelle classe ? Quelles matières préférez-vous ?
- Qu'est-ce que vous faites le week-end ? Vous aimez le sport ? Quel sport est-ce que vous faites ?
- Ou toute autre question adaptée au niveau que les réponses du candidat peuvent provoquer.

2 ÉCHANGE D'INFORMATIONS – AVEC PRÉPARATION – *2 minutes environ*

***Objectif :* poser des questions.**
Vous remettez au candidat 5 ou 6 cartes sur lesquelles figurent les mots-clés. Celui-ci devra vous poser des questions en fonction de ces mots, ce qui ne signifie pas leur réutilisation littérale.
Répondez brièvement aux questions.

Est-ce que tu aimes la soupe ?
Qu'est-ce tu manges au petit-déjeuner ?
Tu fais la cuisine parfois ? Qu'est-ce que tu aimes cuisiner ?
Tu prends souvent de la salade au restaurant?
Qu'est-ce que tu adores comme gâteau ?
Tu manges de la viande avec quoi ?
Combien de bouteilles d'eau tu achètes par semaine ?
Tu aimes le thé comment ?
Qui n'aime pas le fromage dans ta famille ?
Est-ce que tu bois un chocolat chaud au petit-déjeuner ?
Qu'est-ce que tu achètes comme fruit ?
Est-ce que tu achètes une baguette tous les jours ?

3 DIALOGUE SIMULÉ OU JEU DE RÔLE – AVEC PRÉPARATION – *2 minutes environ*

***Objectif* : obtenir des biens et des services.**
Le candidat est le/la client(e). En interaction avec vous, il doit obtenir un ou plusieurs produits ou services parmi ceux présentés sous forme d'images. Il posera des questions sur le prix, indiquera la quantité voulue et demandera ou donnera d'éventuelles informations, puis il paiera avec les pièces de monnaie et billets fictifs que vous lui aurez remis.
Si le candidat ne vous comprend pas, vous reformulez en parlant plus lentement.
Vous pouvez utiliser les images données ou d'autres images de votre choix à condition qu'elles soient claires et qu'elles aient trait à la vie quotidienne.

Sujet 1 : À la poste
A : Bonjour, Madame.
B : Bonjour.
A : Je voudrais cette carte postale de Paris. Ça coûte combien ?
B : Une carte postale de Paris coûte 1€. Vous voulez autre chose ?
A : Alors, je prends trois cartes postales de Paris et je voudrais cette carte d'anniversaire pour ma copine, ça coûte combien ?
B : La carte d'anniversaire coûte 3€. C'est tout ?
A : Non, je voudrais aussi un paquet, s'il vous plaît.
B : Un petit ou un grand ?
A : Un petit, s'il vous plaît.
B : Ça fait 11€50, s'il vous plaît.
A : Voilà. Merci et bonne journée.
B : De rien. Au revoir et bonne journée.

Sujet 2 : À la pharmacie
A : Bonjour, Monsieur.
B : Bonjour, je peux vous aider ?
A : Oui, merci. Je cherche de la crème solaire pour les enfants. Vous vendez ça ?
B : Oui, j'ai de la crème écran 15 ou bien écran 20. Vous voulez quoi ?
A : Je voudrais écran 15, s'il vous plaît. Combien ça coûte ?
B : La crème coûte 12€. Avec cela ?
A : Je cherche des lunettes de soleil, s'il vous plaît.
B : Vous aimez quelle couleur ?
A : J'aime le rouge.
B : Voilà des lunettes de soleil pour 10€.
A : Super ! Ça fait combien ?
B : Ça fait 22€, s'il vous plaît.
A : Voilà. Merci et bonne journée.
B : De rien. À vous aussi, au revoir.

1 Compréhension de l'oral

Transcription des documents audio

L'enregistrement comporte l'ensemble des consignes ainsi que les temps de pause entre les écoutes. Le surveillant ne doit donc pas intervenir avant la fin de l'épreuve.

DELF A1 version scolaire et junior, épreuve orale collective

Exercice 1

Vous allez entendre 2 fois un document. Vous avez 30 secondes de pause entre les deux écoutes puis 30 secondes pour vérifier vos réponses. Lisez les questions.

[pause de 30 secondes]

Première écoute

À la sortie de l'école, un journaliste pose des questions aux élèves sur leurs loisirs :

Isabelle	Salut, je suis Isabelle et je suis en cinquième. Après l'école, je fais du tennis et du handball dans un club.
Nicole	Salut, je suis Nicole. Je joue au basket et je nage dans un club de natation…Ah oui, je fais aussi de la guitare !

[pause de 30 secondes]

Deuxième écoute.

[pause de 30 secondes]

Exercice 2

Vous allez entendre 2 fois un document. Vous avez 30 secondes de pause entre les deux écoutes puis 30 secondes pour vérifier vos réponses. Lisez les questions.

[pause de 30 secondes]

Première écoute

Marc n'est pas venu à l'école aujourd'hui parce qu'il est malade. Pendant la récré, son copain Éric lui téléphone.

Maman	Allô ?
Éric	Bonjour, Madame, c'est Éric. Est-ce que je peux parler à Marc ?
Maman	Non, pas maintenant, il dort. Il est malade. Il a mal à la tête et aux oreilles.
Éric	Quand est-ce qu'il va aller à l'école ?
Maman	Peut-être la semaine prochaine.
Éric	J'espère que Marc va bientôt être en forme.
Maman	Merci, Éric. Au revoir.
Éric	Au revoir, Madame. Saluez bien Marc et donnez-lui mon nouveau numéro de portable, s'il vous plaît. C'est le 06 44 89 89 78.

[pause de 30 secondes]

Deuxième écoute

[pause de 30 secondes]

Exercice 3

Vous allez entendre 2 fois un document. Vous avez 30 secondes de pause entre les deux écoutes puis 30 secondes pour vérifier vos réponses. Lisez les questions.

[pause de 30 secondes]

Première écoute

(Annonce radio)

Venez dans notre restaurant « Aux mille saveurs », 19, rue Paradis. Vous pouvez goûter nos spécialités sucrées et salées. Prenez le Menu Découverte pour seulement 15 euros par personne ! Réservez vite, vous allez adorer !

[pause de 30 secondes]

Deuxième écoute

[pause de 30 secondes]

Exercice 4

Vous allez entendre plusieurs petits dialogues correspondant à des situations différentes. Vous avez 15 secondes de pause après chaque dialogue. Puis, vous allez entendre à nouveau les dialogues pour compléter vos réponses. Lisez d'abord les questions.

[pause de 30 secondes]

Première écoute

Situation 1 :
- Bonjour. Tu es Anne Logiou ?
- Oui, c'est moi.
- Salut, je suis Stéphanie Drouet. Nous habitons dans la même rue. Comment tu vas ?
- Bien, merci.

[pause de 15 secondes]

Situation 2 :
- Ah bonjour, Mme Duras.
- Bonjour, M. Logiou. Vous allez aussi au bureau ?
- Oui. Vous allez bien ce matin ?
- Oui, merci. Et vous ?
- Très bien.

[pause de 15 secondes]

Situation 3 :
- Salut. Vous êtes les frères Fleury ?
- Oui, moi, je suis Philippe.
- Donc toi, tu es Patrick ?
- Oui, c'est moi.

[pause de 15 secondes]

Situation 4 :
- Au revoir, Monsieur Duby.
- Au revoir, Julie, à lundi. Et fais tes devoirs !
- Oui, monsieur. À lundi !

[pause de 15 secondes]

Situation 5 :
- Bonjour, Mme Logiou.
- Bonjour, Mademoiselle. Tu vas aussi à l'école ?
- Oui. Vous allez bien ce matin ?
- Oui, merci. Et toi ?
- Très bien.

[pause de 30 secondes]

Deuxième écoute

[pause de 30 secondes]

L'épreuve est terminée. Veuillez poser vos stylos.

EXERCICE 1

1. Où se passe la scène ?

   À la sortie de l'école.

2. Avec combien d'élèves parle le journaliste ? Complétez.
   ...2..... élèves.

3. Quels sont les loisirs des élèves ? *(3 réponses)*
   Du tennis, du basket et de la natation.

EXERCICE 2

1. Cette scène se passe...
   ☒ au téléphone.

2. Quel est le problème de Marc ?
   Il a mal à la tête et aux oreilles.

3. Complétez le numéro de téléphone d'Éric.
   ..06 44 89 89 78...

EXERCICE 3

1. Cette annonce parle...
   d'un restaurant.

2. On peut goûter des spécialités...
   ☒ salées et sucrées.

3. Combien coûte le *Menu Découverte* ?
   15 euros.

EXERCICE 4

Situation n° 1

Où habitent les filles ?	
Dans la même rue.	☒

Situation n° 2

Qui parle ?	
Deux collègues.	☒

Situation n° 3

Comment s'appellent les frères ?	
Philippe et Patrick.	☒

Situation n°4

Qui parle ?	
Une élève et un prof.	☒

Situation n° 5

Qui dit bonjour à Mme Logiou ?	
Une fille.	☒

2 Compréhension des écrits

EXERCICE 1

1. L'exposition photos a lieu où ?
   À l'école.
2. Combien de photos chaque élève peut proposer pour l'exposition ?
   5
3. La fête de la rentrée a lieu le…
   ☒ 27 septembre.

EXERCICE 2

1. Cette affiche parle d'une activité…
   ☒ sur glace.
2. L'événement est…
   ☒ avant Noël.
3. On peut voir le spectacle…
   ☒ dans plusieurs villes.

EXERCICE 3

1. Cette affiche parle…
   ☒ d'une chorale.
2. Le concert a lieu le…
   ☒ 20 décembre.
3. Vous voulez vous inscrire. Qui est-ce que vous allez voir ?
   Le professeur de musique, M. Doremifasol.

EXERCICE 4

1. Alex écrit ce message…
   ☒ pendant les vacances.
2. L'hôtel se trouve à côté de…
   la gare.
3. Dans les chambres, on trouve… *(2 réponses)*
   ☒ un ordinateur.
   ☒ une télévision.

3 Production écrite

EXERCICE 1

LOCATION À NICE

Nom : XXXXXXXXXX

Prénom : Alex

Adresse : Hauptstraße 10

Pays : Allemagne

Courriel : alex97@yahoo.de

Date d'arrivée : 5 août

Date de départ : 20 août

Nombre de personnes : 4

N° de l'appartement : 104

Langues parlées *(2 réponses)* **:** allemand, français

EXERCICE 2

Nouveau Message

Fichier Édition Affichage Insertion Format Outils Message ?

Envoyer Enregistrer Imprimer Joindre Contacts

De :

Objet :

Chère Léa,

Je t'invite chez moi samedi 21 mai, l'après-midi à 14h00. J'habite 5 rue Mozart. Pour venir chez moi, tu peux prendre le bus n°15. Il faut descendre à l'arrêt Mozart.

À samedi,

bises,

Paul

(41 mots)

4 Production orale

Déroulement de l'épreuve : vous indiquez très clairement au candidat les trois parties de l'épreuve. Vous lui donnez les cartes sur lesquelles figurent les mots-clés pour la 2e partie de l'épreuve, les photos ou dessins, ainsi que les billets et les pièces de monnaie pour la troisième partie de l'épreuve. Les 10 minutes de préparation dont dispose le candidat avant l'épreuve sont destinées à lui permettre de se préparer aux parties 2 et 3.

Durée totale de passation de l'épreuve : 5 à 7 minutes.

1 ENTRETIEN DIRIGÉ – *1 minute environ*

***Objectif* : se présenter, parler de soi.**
Les questions posées très lentement au candidat lui permettent de parler de lui-même, de sa famille, de ses goûts et de ses activités... Si le candidat ne comprend pas, vous reformulez la question.
Exemples de questions :
- Vous vous appelez comment ?
- Votre nom, comment ça s'écrit ?
- Parlez-moi de votre famille. Vous avez des frères et sœurs ? Ils habitent où ? Qu'est-ce qu'ils font ?
- Quelle est votre nationalité ?
- Quelle est votre ville d'origine ? Parlez-moi de votre appartement/de votre maison.
- Parlez-moi d'une journée habituelle. Vous vous levez à quelle heure ? Qu'est-ce que vous mangez pour le petit-déjeuner ? Vous rentrez à quelle heure ? Qu'est-ce que vous faites le soir ?
- Vous habitez loin d'ici ?
- Vous êtes en quelle classe ? Quelles matières préférez-vous ?
- Qu'est-ce que vous faites le week-end ? Vous aimez le sport ? Quel sport est-ce que vous faites ?

Ou toute autre question adaptée au niveau que les réponses du candidat peuvent provoquer.

2 ÉCHANGE D'INFORMATIONS – AVEC PRÉPARATION – *2 minutes environ*

***Objectif* : poser des questions.**
Vous remettez au candidat 5 ou 6 cartes sur lesquelles figurent les mots-clés. Celui-ci devra vous poser des questions en fonction de ces mots, ce qui ne signifie pas leur réutilisation littérale.
Répondez brièvement aux questions.

Est-ce que tu vas souvent à l'hôtel ?
Le soir, vous dînez en famille ?
Qu'est-ce que tu prends au petit-déjeuner ? Du café, du chocolat ou du thé ?
Tu aimes quoi comme dessert ?
Comment est ta chambre ?
Est-ce que vous avez déjà loué / réservé un appartement pour les vacances ?
Tu as déjà fait du camping ?
Tu pars en vacances avec ta famille ? Vous aimez partir où ?
Qu'est-ce que tu aimes manger au restaurant ?
Qu'est-ce que tu préfères, le menu à 12 € ou la pizza à 10€ ?

3 DIALOGUE SIMULÉ OU JEU DE RÔLE – AVEC PRÉPARATION – *2 minutes environ*

***Objectif* : obtenir des biens et des services.**

Le candidat est le/la client(e). En interaction avec vous, il doit obtenir un ou plusieurs produits ou services parmi ceux présentés sous forme d'images. Il posera des questions sur le prix, indiquera la quantité voulue et demandera ou donnera d'éventuelles informations, puis il paiera avec les pièces de monnaie et billets fictifs que vous lui aurez remis.

Si le candidat ne vous comprend pas, vous reformulez en parlant plus lentement.

Vous pouvez utiliser les images données ou d'autres images de votre choix à condition qu'elles soient claires et qu'elles aient trait à la vie quotidienne.

Sujet 1: À la droguerie

A : Bonjour, Madame.
B : Bonjour.
A : Je cherche une brosse à dents. Combien ça coûte ?
B : Cette brosse à dents coûte 3,50€.
A : Je voudrais aussi du dentifrice, vous avez quoi comme parfum ?
B : Il y a banane, menthe ou citron. Vous voulez un grand ou un petit dentifrice ?
A : Un petit, s'il vous plaît. Je voudrais un savon à la vanille s'il vous plaît.
B : Il y a une promotion, deux pour le prix d'un.
A : Super. Ça fait combien ?
B : Ça fait 9, 50€.
A : Voilà. Merci et bonne journée.
B : De rien. Au revoir.

Sujet 2 : Dans un magasin

A : Bonjour, Monsieur.
B : Bonjour, je peux vous aider ?
A : Oui, merci. Vous avez quoi comme jeux ?
B : J'ai des dés et des mikados.
A : Je voudrais un dé s'il vous plaît.
B : Vous voulez autre chose ?
A : Je cherche des stylos de couleur.
B : Nous avons des stylos orange, rouges et bleus. Vous aimez quelle couleur ?
A : J'aime le rouge et le bleu. Alors je voudrais deux stylos bleus et un stylo rouge s'il vous plaît. Un stylo coûte combien ?
B : 2,50€.
A : Vous avez des bonbons ?
B : Oui, j'ai des carambars. Vous en voulez combien ?
A : Cinq. Ça fait combien ?
B : Ça fait 13,50€.
A : Voilà. Au revoir.
B : Merci et à bientôt.

1 Compréhension de l'oral

Transcription des documents audio

L'enregistrement comporte l'ensemble des consignes ainsi que les temps de pause entre les écoutes.
Le surveillant ne doit donc pas intervenir avant la fin de l'épreuve.

DELF A1 version scolaire et junior, épreuve orale collective

Exercice 1

Vous allez entendre 2 fois un document. Vous avez 30 secondes de pause entre les deux écoutes puis 30 secondes pour vérifier vos réponses. Lisez les questions.

[pause de 30 secondes]

Première écoute
Deux copines veulent apprendre le français. *(Sonnerie de téléphone)*

Valérie	Allô ? Susanne ? C'est Valérie. Écoute, j'ai regardé le prospectus. L'école de langues à Antibes est proche de la mer et à 800 mètres du centre-ville. Il y a 13 salles de classes et dans toutes les salles, il y a aussi un tableau blanc interactif.
Susanne	Oui, c'est super. Dans cette école, il y a aussi 6 ordinateurs et on peut utiliser Internet !

[pause de 30 secondes]

Deuxième écoute

[pause de 30 secondes]

Exercice 2

Vous allez entendre 2 fois un document. Vous avez 30 secondes de pause entre les deux écoutes puis 30 secondes pour vérifier vos réponses. Lisez les questions.

[pause de 30 secondes]

Première écoute

Sophie	Louise, tu peux poser ces plats sur la table ? Ils sont pour la fête.
Louise	Oui, bien sûr. Est-ce qu'on a tout maintenant ?
Sophie	Non, il faut encore des boissons. Il faut de la limonade, de l'eau et du coca.
Louise	D'accord, je vais appeler Paul. Tu as son numéro de téléphone ?
Sophie	Oui, voilà : 06 89 67 56 44. Mais vite, la fête commence à 7 heures et demie.
Louise	Pas de problème, tout va être prêt.

[pause de 30 secondes]

Deuxième écoute

[pause de 30 secondes]

Exercice 3

Vous allez entendre 2 fois un document. Vous avez 30 secondes de pause entre les deux écoutes puis 30 secondes pour vérifier vos réponses. Lisez les questions.

[pause de 30 secondes]

Première écoute

Paul	J'aime bien aller chez le médecin parce qu'il est sympa et il ne fait pas mal. Mais je n'aime pas les chirurgiens.
Maya	Je déteste les médecins, particulièrement les dentistes. Ça fait très mal et j'ai toujours peur. Je ne peux pas dormir avant un rendez-vous.
Léo	En général, je n'ai pas le temps d'aller chez le médecin. Ma mère achète des médicaments à la pharmacie quand j'ai des problèmes.

[pause de 30 secondes]

Deuxième écoute

[pause de 30 secondes]

Exercice 4

Vous allez entendre plusieurs petits dialogues correspondant à des situations différentes. Vous avez 15 secondes de pause après chaque dialogue. Puis, vous allez entendre à nouveau les dialogues pour compléter vos réponses. Lisez d'abord les questions.

[pause de 30 secondes]

Première écoute

Situation 1 :
- Bonjour, je suis la voisine du 1er étage. Je trouve que la télé est trop forte, ça fait beaucoup trop de bruit !
- Pardon, Madame.

[pause de 15 secondes]

Situation 2 :
- Je veux manger du poisson à Paris, j'adore ça, c'est vraiment super bon ! Tu aimes le poisson ?
- Non, beurk !

[pause de 15 secondes]

Situation 3 :
- Tu connais le nouvel élève, Matisse ?
- Ah oui, je l'adore : il est trop beau !
- Moi aussi, je le trouve super génial !

[pause de 15 secondes]

Situation 4 :
- Tu veux goûter à la nouvelle glace au caramel salé ? C'est super bon !
- Ah non merci, je n'aime pas ce parfum. J'aime le chocolat !

[pause de 15 secondes]

Situation 5 :
- Je trouve ta nouvelle copine Isabelle bête et pas sympa ! Je ne l'aime pas !
- Ce n'est pas vrai, Zoé ! En plus, tu ne la connais pas, Isabelle. Moi, je l'adore !

[pause de 30 secondes]

Deuxième écoute

[pause de 30 secondes]

L'épreuve est terminée. Veuillez poser vos stylos.

EXERCICE 1

1. Les deux copines parlent…
   au téléphone.
2. Dans l'école, il y a combien de salles de classe ?
   ….13….
3. Dans l'école d'Antibes, on trouve… *(2 réponses)*
   un tableau blanc interactif dans toutes les salles et 6 ordinateurs.

EXERCICE 2

1. Cette scène se passe…
   [x] à la maison.
2. Complétez le numéro de téléphone de Paul.
   ..06 89 67 56 44..
3. À quelle heure va commencer la fête ?
   À 7 heures et demie.

EXERCICE 3

1. Paul aime aller chez le…
   [x] médecin.
2. Maya a peur…
   [x] des dentistes.
3. Léo est malade. Sa mère va acheter des médicaments à la pharmacie.

EXERCICE 4

Situation n° 1

Qu'est-ce que le voisin fait ?	
Du bruit.	[x]

Situation n° 2

De quoi est-ce qu'ils parlent ?	
Du poisson.	[x]

Situation n° 3

De qui est-ce qu'ils parlent ?	
D'un nouvel élève.	[x]

Situation n° 4

Où se passe la scène ?	
Chez le glacier.	[x]

Situation n° 5

Zoé trouve Isabelle comment ?	
Bête.	[x]

2 Compréhension des écrits

EXERCICE 1

1. Ce message s'adresse…
   ☒ à des familles.
2. On organise quoi ?
   Une fête en famille.
3. Pour recevoir d'autres informations, on peut…
   ☒ téléphoner.

EXERCICE 2

1. Le père d'Amélie est…
   professeur de géographie.
2. Le père d'Amélie travaille avec…
   ☒ des adolescents.
3. Le père d'Amélie aime écouter…
   (de) la musique.
4. Plus tard, Amélie veut aussi devenir…
   professeur de géographie.

EXERCICE 3

1.

	Jour
Martine est au C.D.I.	jeudi
Elle a cours de sport.	lundi

2. Martine apprend 2 langues :
   l'anglais et l'italien.
3. Elle a 5 heures de français par semaine.
4. Elle n'a pas cours l'après-midi le mercredi.

EXERCICE 4

1. Lilou donne rendez-vous pour une activité…
   ☒ créative.
2. Lilou demande d'apporter…
   des crayons de couleur.
3. On peut aller au club en…
   ☒ bus.
4. Le concours est mercredi après-midi.

3 Production écrite

EXERCICE 1

Cadeau !!!!!!

Renvoyez cette inscription avant le 20 novembre et recevez un chèque cadeau.

Nom : xxxx

Prénom : Alex

Âge : 11 ans

Nationalité : allemand

Adresse : 10 rue de la Tour Eiffel

Ville : Paris

Numéro de téléphone : 01 64 45 48 49

Courriel : alex97@yahoo.de

Matériel informatique à la maison : un ordinateur, une télé, un portable

Date et signature : lundi 23 octobre, Alex

EXERCICE 2

Salut Julie,
Je suis en vacances à Marseille. L'appartement de vacances est super ! Il y a deux chambres, une cuisine, une salle de séjour et une salle de bains avec un WC. J'aime ma chambre parce qu'elle a un balcon.
À bientôt,
Marc
(46 mots)

4 Production orale

Déroulement de l'épreuve : vous indiquez très clairement au candidat les trois parties de l'épreuve. Vous lui donnez les cartes sur lesquelles figurent les mots-clés pour la 2e partie de l'épreuve, les photos ou dessins, ainsi que les billets et les pièces de monnaie pour la troisième partie de l'épreuve. Les 10 minutes de préparation dont dispose le candidat avant l'épreuve sont destinées à lui permettre de se préparer aux parties 2 et 3. Durée totale de passation de l'épreuve : 5 à 7 minutes.

1 ENTRETIEN DIRIGÉ – *1 minute environ*

***Objectif* : se présenter, parler de soi.**

Les questions posées très lentement au candidat lui permettent de parler de lui-même, de sa famille, de ses goûts et de ses activités… Si le candidat ne comprend pas, vous reformulez la question.

Exemples de questions :

- Vous vous appelez comment ?
- Votre nom, comment ça s'écrit ?
- Parlez-moi de votre famille. Vous avez des frères et sœurs ? Ils habitent où ? Qu'est-ce qu'ils font ?
- Quelle est votre nationalité ?
- Quelle est votre ville d'origine ? Parlez-moi de votre appartement/de votre maison.
- Parlez-moi d'une journée habituelle. Vous vous levez à quelle heure ? Qu'est-ce que vous mangez pour le petit-déjeuner ? Vous rentrez à quelle heure ? Qu'est-ce que vous faites le soir ?
- Vous habitez loin d'ici ?
- Vous êtes en quelle classe ? Quelles matières préférez-vous ?
- Qu'est-ce que vous faites le week-end ? Vous aimez le sport ? Quel sport est-ce que vous faites ?

Ou toute autre question adaptée au niveau que les réponses du candidat peuvent provoquer.

2 ÉCHANGE D'INFORMATIONS – AVEC PRÉPARATION – *2 minutes environ*

***Objectif* : poser des questions.**

Vous remettez au candidat 5 ou 6 cartes sur lesquelles figurent les mots-clés. Celui-ci devra vous poser des questions en fonction de ces mots, ce qui ne signifie pas leur réutilisation littérale.

Répondez brièvement aux questions.

Comment est ta valise ?
Comment vas-tu à l'école ? Est-ce que tu prends le bus ?
Tu voyages souvent en train ? C'est pour aller où ?
Avec qui est-ce que tu voyages ?
Tu préfères voyager en train ou en voiture ? Pourquoi ?
Est-ce que tu aimes le métro ?
Est-ce que tu as un passeport ?
Est-ce que tu vas souvent à la gare ?
Où est-ce que tu peux prendre l'avion ?
Est-ce que tu as un vélo? Comment il est ?
Tu as déjà été sur un bateau ? Tu aimes faire ça ?
Est-ce qu'il y a un aéroport près de chez toi ?

3 DIALOGUE SIMULÉ OU JEU DE RÔLE – AVEC PRÉPARATION – *2 minutes environ*

***Objectif :* obtenir des biens et des services.**
Le candidat est le/la client(e). En interaction avec vous, il doit obtenir un ou plusieurs produits ou services parmi ceux présentés sous forme d'images. Il posera des questions sur le prix, indiquera la quantité voulue et demandera ou donnera d'éventuelles informations, puis il paiera avec les pièces de monnaie et billets fictifs que vous lui aurez remis.
Si le candidat ne vous comprend pas, vous reformulez en parlant plus lentement.
Vous pouvez utiliser les images données ou d'autres images de votre choix à condition qu'elles soient claires et qu'elles aient trait à la vie quotidienne.

Sujet 1 : À la sandwicherie
A : Bonjour, Madame.
B : Bonjour. Qu'est-ce que vous prenez ?
A : Je voudrais la formule 1.
B : C'est-à-dire la formule salade, sandwich et boisson ?
A : Oui. Vous avez des sandwichs jambon-fromage ?
B : Bien sûr. Vous voulez quoi comme boisson ?
A : Une bouteille d'eau.
B : Voilà, ça fait 10,50€.
A : Est-ce que je peux aussi avoir un café ?
B : Bien sûr, ça fait 12 euros, s'il vous plaît.
A : Voilà. Merci et bonne journée.
B : De rien. Au revoir.

Sujet 2 : Au magasin de vêtements
A : Bonjour, Monsieur.
B : Bonjour, je peux vous aider ?
A : Oui, merci. Je voudrais acheter un T-shirt de Saint-Malo.
B : Vous cherchez quelle taille ? S, M ou L ?
A : S, s'il vous plaît. Vous avez quelles couleurs ?
B : Rayé bleu et blanc, rayé noir et blanc ou rayé rose et blanc. Vous voulez autre chose ?
A : Je prends rayé bleu et blanc. Et je voudrais aussi des chaussettes, s'il vous plaît.
B : Vous voulez quelle couleur et quelle taille?
A : Je prends une paire blanche, une paire noire et une paire grise. La taille, c'est 43, s'il vous plaît. Ça fait combien ?
B : 36€
A : Voilà. Au revoir.
B : Merci et à bientôt.

1 Compréhension de l'oral

Transcription des documents audio

L'enregistrement comporte l'ensemble des consignes ainsi que les temps de pause entre les écoutes. Le surveillant ne doit donc pas intervenir avant la fin de l'épreuve.

DELF A1 version scolaire et junior, épreuve orale collective

Exercice 1

Vous allez entendre 2 fois un document. Vous avez 30 secondes de pause entre les deux écoutes puis 30 secondes pour vérifier vos réponses. Lisez les questions.

[pause de 30 secondes]

Première écoute

(Annonce radio)

Voici la météo pour la France pour aujourd'hui : à Nice, il y a du soleil, du vent à Marseille, de la pluie à Paris et de la neige à Strasbourg

[pause de 30 secondes]

Deuxième écoute

[pause de 30 secondes]

Exercice 2

Vous allez entendre 2 fois un document. Vous avez 30 secondes de pause entre les deux écoutes puis 30 secondes pour vérifier vos réponses. Lisez les questions.

[pause de 30 secondes]

Première écoute

Sandrine	Bonjour, Madame ? Vous êtes la secrétaire ?
Secrétaire	Oui, bonjour ! Je peux vous aider ?
Sandrine	J'aimerais faire un cours de langues. Vous avez des informations, s'il vous plaît ?
Secrétaire	Bien sûr. Les cours de langues vont bientôt commencer pour les élèves entre 11 et 18 ans. Nous enseignons ici, à Montpellier, de 9 heures à 13 heures. L'après-midi, notre institut propose des activités intéressantes. Vous pouvez avoir d'autres renseignements au 05 23 67 44 33.
Sandrine	Merci, Madame. Au revoir.
Secrétaire	Au revoir.

[pause de 30 secondes]

Deuxième écoute

[pause de 30 secondes]

Exercice 3

Vous allez entendre 2 fois un document. Vous avez 30 secondes de pause entre les deux écoutes puis 30 secondes pour vérifier vos réponses. Lisez les questions.

[pause de 30 secondes]

Première écoute

Julien	Mes copains et moi, nous jouons tous les jours au foot pendant la récré et de temps en temps après l'école, dans un club. Le week-end, nous avons un match et je suis le goal !
Anna	Mes copines et moi, nous dansons. La zumba, c'est super et la musique est sensationnelle. J'adore faire ça !

[pause de 30 secondes]

Deuxième écoute

[pause de 30 secondes]

Exercice 4

Vous allez entendre plusieurs petits dialogues correspondant à des situations différentes. Vous avez 15 secondes de pause après chaque dialogue. Puis, vous allez entendre à nouveau les dialogues pour compléter vos réponses. Lisez d'abord les questions.

[pause de 30 secondes]

Première écoute

Situation 1 :
- Bonjour, Jean. Tu aimes le sport ?
- Oh oui, je cours souvent et je joue au foot avec mes copains. Mais j'ai toujours mal à la jambe quand je fais trop de sport !

[pause de 15 secondes]

Situation 2 :
- Bonjour, Pierre. Quel est ton plat préféré ?
- Mes copains et moi, nous aimons beaucoup la pizza. Mais après, j'ai mal au ventre car je ne peux pas arrêter d'en manger !

[pause de 15 secondes]

Situation 3 :
- Salut, Annie. Qu'est-ce que tu as ?
- J'oublie toujours de boire assez d'eau. Alors voilà, maintenant, j'ai mal à la tête. C'est idiot !

[pause de 15 secondes]

Situation 4 :
- Salut, Louis ! Tu joues souvent au basket ?
- Non, malheureusement, je suis trop petit ! Alors, je fais du tennis !

[pause de15 secondes]

Situation 5 :
- Salut ! Tu peux te présenter, s'il te plaît ?
- Bonjour, je m'appelle Hélène, j'ai seize ans, je suis blonde et je mesure 1,74 m.

[pause de 30 secondes]

Deuxième écoute

[pause de 30 secondes]

L'épreuve est terminée. Veuillez poser vos stylos.

EXERCICE 1

Nice = soleil
Marseille = vent
Paris = pluie
Strasbourg = neige

EXERCICE 2

1. Cette scène se passe…
   ☒ au secrétariat.
2. À quelle heure commencent les cours de langues ?
   À 9 heures.
3. Complétez le numéro de téléphone de l'école.
   …05 23 67 44 33…

EXERCICE 3

1. Les copains parlent…
   ☒ de leurs loisirs.
2. Julien a un match de foot…
   ☒ le week-end.
3. Anna aime faire…
   ☒ de la danse.

EXERCICE 4

Situation n° 1

Qu'est-ce qu'il fait souvent ?	
Courir.	☒

Situation n° 2

La personne a mal où ?	
Au ventre.	☒

Situation n° 3

La personne a mal où ?	
À la tête.	☒

Situation n° 4

Comment est le garçon ?	
Trop petit.	☒

Situation n° 5

Quel âge a la personne ?	
Seize ans.	☒

2 Compréhension des écrits

EXERCICE 1

1. Cette annonce est pour…
   ☒ donner des cours de maths.
2. Cette annonce est pour…
   ☒ les élèves.
3. Vous devez avoir du temps quel jour dans la semaine ?
   Le mercredi (après-midi).
4. Si vous êtes intéressé(e), vous devez…
   téléphoner.

EXERCICE 2

1. La FNAC se trouve dans quelle ville ?
   À Paris.
2. Quel est le numéro de la rue ?
   9
3. Cet événement est…
   du 1er au 31 octobre.
4. Cette affiche annonce…
   ☒ une journée portes ouvertes.

EXERCICE 3

1.

Quoi ?	Où ?	Jour ?	Horaire ?
pique-nique	**dans le parc**	lundi	12h–14h
tournoi de foot	**au gymnase de l'école**	**mercredi**	**16h-18h**
visite	musée d'histoire de la ville	**jeudi**	**8h-12h**
activités sportives	**centre aquatique**	vendredi	14–18h

2. La classe voyage en…
   train.

EXERCICE 4

1. Où travaille la mère ?
   Dans une boutique de mode.
2. Sandrine gagne de l'argent…
   ☒ à la boutique.
3. Elle propose de…
   ☒ venir à la boutique.

3 Production écrite

EXERCICE 1

Concours de musique

Nom : xxxx

Prénom : Alex

Adresse : 10 rue de la Tour Eiffel

E-mail : alex97@yahoo.de

Date de naissance : 25 janvier 2003

Numéro de téléphone : 01 64 45 48 49

Instruments de musique : *(2 réponses)* – piano

– harpe

Depuis quand faites-vous de la musique ? 5 ans

Autres activités : *(2 réponses)* – natation

– volley

EXERCICE 2

Nouveau Message

Fichier Édition Affichage Insertion Format Outils Message ?

Envoyer Enregistrer Imprimer Joindre Contacts

De :

Objet :

Salut Marie,

À la maison, nous avons deux ordinateurs. Mon père travaille à la maison, et moi, je surfe sur Internet et j'écris des messages à mes copains.
J'ai aussi un portable. Avec mon ordinateur et mon portable, j'écoute aussi de la musique.

Est-ce que c'est pareil chez toi ?

À bientôt

Annie

(53 mots)

4 Production orale

Déroulement de l'épreuve : vous indiquez très clairement au candidat les trois parties de l'épreuve. Vous lui donnez les cartes sur lesquelles figurent les mots-clés pour la 2e partie de l'épreuve, les photos ou dessins, ainsi que les billets et les pièces de monnaie pour la troisième partie de l'épreuve. Les 10 minutes de préparation dont dispose le candidat avant l'épreuve sont destinées à lui permettre de se préparer aux parties 2 et 3. Durée totale de passation de l'épreuve : 5 à 7 minutes.

1 ENTRETIEN DIRIGÉ – *1 minute environ*

***Objectif :* se présenter, parler de soi.**

Les questions posées très lentement au candidat lui permettent de parler de lui-même, de sa famille, de ses goûts et de ses activités… Si le candidat ne comprend pas, vous reformulez la question.

Exemples de questions :

- Vous vous appelez comment ?
- Votre nom, comment ça s'écrit ?
- Parlez-moi de votre famille. Vous avez des frères et sœurs ? Ils habitent où ? Qu'est-ce qu'ils font ?
- Quelle est votre nationalité ?
- Quelle est votre ville d'origine ? Parlez-moi de votre appartement/de votre maison.
- Parlez-moi d'une journée habituelle. Vous vous levez à quelle heure ? Qu'est-ce que vous mangez pour le petit-déjeuner ? Vous rentrez à quelle heure ? Qu'est-ce que vous faites le soir ?
- Vous habitez loin d'ici ?
- Vous êtes en quelle classe ? Quelles matières préférez-vous ?
- Qu'est-ce que vous faites le week-end ? Vous aimez le sport ? Quel sport est-ce que vous faites ?

Ou toute autre question adaptée au niveau que les réponses du candidat peuvent provoquer.

2 ÉCHANGE D'INFORMATIONS – AVEC PRÉPARATION – *2 minutes environ*

***Objectif :* poser des questions.**

Vous remettez au candidat 5 ou 6 cartes sur lesquelles figurent les mots-clés. Celui-ci devra vous poser des questions en fonction de ces mots, ce qui ne signifie pas leur réutilisation littérale.

Répondez brièvement aux questions.

Qu'est-ce que tu fais dans ta cuisine ?
Où est la télévision chez toi ? Tu regardes parfois la télévision en famille ?
Est-ce que tu écoutes la radio? Quelle musique tu aimes à la radio ?
Comment est ta chambre? Tu aimes passer du temps dans ta chambre ?
Est-ce qu'il y a un ascenseur dans ton immeuble ? Tu habites à quel étage ?
Est-ce que tes voisins sont gentils ? Qu'est-ce que tu fais avec tes voisins ?
Est-ce que tu as un jardin ? Comment est ce jardin ?
Vous habitez dans une maison ?
Où se trouve votre salle de bains ?
Pendant les vacances, vous allez dans un appartement ou vous faites du camping ?
Dans la chambre, où est ton lit ?

3 DIALOGUE SIMULÉ OU JEU DE RÔLE – AVEC PRÉPARATION – *2 minutes environ*

***Objectif* : obtenir des biens et des services.**

Le candidat est le/la client(e). En interaction avec vous, il doit obtenir un ou plusieurs produits ou services parmi ceux présentés sous forme d'images. Il posera des questions sur le prix, indiquera la quantité voulue et demandera ou donnera d'éventuelles informations, puis il paiera avec les pièces de monnaie et billets fictifs que vous lui aurez remis.
Si le candidat ne vous comprend pas, vous reformulez en parlant plus lentement.
Vous pouvez utiliser les images données ou d'autres images de votre choix à condition qu'elles soient claires et qu'elles aient trait à la vie quotidienne.

Sujet 1 : À la supérette du camping

A : Bonjour, Madame.
B : Bonjour. Je peux vous aider ?
A : Oui, merci. Est-ce que vous avez des chapeaux?
B : Bien sûr, vous avez quelle taille ?
A : S. Je voudrais aussi une serviette de plage. Vous avez quelles couleurs ?
B : Jaune, rouge et orange. Vous voulez une petite ou une grande serviette ?
A : Je voudrais une grande serviette de plage jaune, s'il vous plaît et une bouteille d'eau.
B : C'est tout ?
A : Oui, merci. Ça fait combien ?
B : Ça fait 28€.
A : Voilà. Merci et bonne journée.
B : De rien. Au revoir.

Sujet 2 : À l'épicerie

A : Bonjour, Monsieur.
B : Bonjour, qu'est-ce que vous voulez ?
A : Je voudrais faire un gâteau d'anniversaire pour mon père. Je cherche des œufs…
B : Combien ?
A : 6, s'il vous plaît. Et je voudrais aussi du beurre.
B : Voici.
A : Ah, et 4 yaourts…
B : Quel parfum ?
A : À la vanille, s'il vous plaît.
B : Avec ceci ?
A : C'est tout, merci. Ça coûte combien ?
B : 6,50€.
A : Voilà. Merci et bonne journée.
B : Merci et à bientôt.

1 Compréhension de l'oral

Transcription des documents audio

***L'enregistrement comporte l'ensemble des consignes ainsi que les temps de pause entre les écoutes.
Le surveillant ne doit donc pas intervenir avant la fin de l'épreuve.***

DELF A1 version scolaire et junior, épreuve orale collective

Exercice 1

Vous allez entendre 2 fois un document. Vous avez 30 secondes de pause entre les deux écoutes puis 30 secondes pour vérifier vos réponses. Lisez les questions.

[pause de 30 secondes]

Première écoute

(Sonnerie à l'école)

professeur	Bonjour, les élèves. Que pensez-vous de la vie sociale ?
Fabienne	C'est le fait d'être avec ses amis et de bien s'amuser. La vie sociale, c'est faire du sport dans un club.
Laurence	Oui, mais c'est aussi avoir de bonnes relations avec ses parents et ses frères et sœurs.

[pause de 30 secondes]

Deuxième écoute

[pause de 30 secondes]

Exercice 2

Vous allez entendre 2 fois un document. Vous avez 30 secondes de pause entre les deux écoutes puis 30 secondes pour vérifier vos réponses. Lisez les questions.

[pause de 30 secondes]

Première écoute

(Message radio)
Le nouveau parc, au centre-ville, ouvre aujourd'hui. Il est ouvert tous les jours de 8 h 00 à 21 h 00. Il est à droite de l'hôpital, dans le boulevard Bellevue. Venez jouer avec vos enfants ou vous promener avec votre chien.

[pause de 30 secondes]

Deuxième écoute

[pause de 30 secondes]

Exercice 3

Vous allez entendre 2 fois un document. Vous avez 30 secondes de pause entre les deux écoutes puis 30 secondes pour vérifier vos réponses. Lisez les questions.

[pause de 30 secondes]

Première écoute

Voici 3 types de cours différents pour vous aider à choisir un cours de français à Montpellier :

Élise	**Paul**	**Léa**
C'est un cours de grammaire du 31 juillet au 20 août. Le cours coûte 400 EUR. On vit dans une famille d'accueil.	C'est un cours intensif pour l'expression écrite. Le cours est du 1er au 20 août et coûte 550 EUR. On est dans une chambre d'hôtes.	C'est un cours de conversation pendant 3 semaines. Le prix est de 300 EUR. On est dans une famille d'accueil.

[pause de 30 secondes]

Deuxième écoute

[pause de 30 secondes]

Exercice 4

Vous allez entendre plusieurs petits dialogues correspondant à des situations différentes. Vous avez 15 secondes de pause après chaque dialogue. Puis, vous allez entendre à nouveau les dialogues pour compléter vos réponses. Lisez d'abord les questions.

[pause de 30 secondes]

Première écoute

Situation 1 :
- Bonjour, Madame. Vous vivez ici ?
- Oui, c'est un quartier agréable. J'aime bien parler avec mes voisins dans le jardin public près de chez nous.

[pause de 15 secondes]

Situation 2 :
- Vous venez avec nous à la fête des voisins ?
- Oui, super ! Nous connaissons bien nos voisins, ils sont charmants. Ils ont quatre enfants et nous faisons souvent des choses ensemble.

[pause de 15 secondes]

Situation 3 :
- Qu'est-ce que tu fais le week-end ?
- Je vis seule. Mais j'ai beaucoup de copains et copines ! Alors je fais souvent des fêtes le week-end !

[pause de 15 secondes]

Situation 4 :
- Vous vivez dans le centre-ville ?
- Oh non, nous vivons à la campagne, dans une grande maison avec une terrasse. Je suis mariée, j'ai deux enfants et un chien, et mes parents habitent aussi avec nous.

[pause de 15 secondes]

Situation 5 :
- Salut ! Tu viens jouer chez moi cet après-midi ?
- Non, je joue au foot avec mes copains dans un club. Je ne peux pas, cet après-midi !

[pause de 30 secondes]

Deuxième écoute

[pause de 30 secondes]

L'épreuve est terminée. Veuillez poser vos stylos.

EXERCICE 1

1. Où se passe la scène ?
   À l'école.
2. Le prof parle avec combien d'élèves ?
   2
3. Pour les jeunes, la vie sociale, c'est… *(2 réponses)*
   faire du sport dans un club et avoir de bonnes relations avec ses parents et ses frères et sœurs.

EXERCICE 2

1. On parle…
   d'un parc.
2. Il y a…
   des jeux pour enfants.
3. C'est…
   ☒ en ville.
4. Le matin, on ouvre à quelle heure ?
   À 8 heures.

EXERCICE 3

1. Ces personnes parlent des…
   ☒ cours de langue.
2. Le cours intensif coûte…
   ☒ 550 EUR.
3. Élise et Léa proposent de vivre dans…
   ☒ une famille d'accueil.

EXERCICE 4

Situation n° 1

Avec qui la personne aime parler ?	
Avec ses voisins.	☒

Situation n°2

Qu'est-ce que les voisins ont ?	
Des enfants.	☒

Situation n° 3

Avec qui la personne fait des fêtes ?	
Avec ses copains et copines.	☒

Situation n° 4

Qui habite dans la maison ?	
Les parents.	☒

Situation n°5

Où est-ce que la personne joue avec ses copains ?	
Dans un club.	☒

2 Compréhension des écrits

EXERCICE 1

1. On organise quoi ?
   Une journée portes ouvertes dans un magasin de mode.
2. Cette information s'adresse…
   ☒ aux clients.
3. Pour les premiers visiteurs, il y a…
   ☒ un t-shirt gratuit.

EXERCICE 2

1. L'examen écrit du DELF A1 est quel jour ?
   Le 22 janvier.
2. Combien coûte le diplôme A1 ?
   28 euros
3. Pour s'inscrire, il faut aller…
   ☒ au secrétariat.
4. À quelle heure commence le cours de A1 ?
   À 12 h.

EXERCICE 3

1. Cette affiche parle d'un…
   ☒ grand jeu de Noël.
2. Le grand jeu est pour qui ?
   Pour les enfants de 3 à 12 ans.
3. Les enfants peuvent venir…
   ☒ avec un parent.

EXERCICE 4

1. Ce message est pour qui ?
   Pour Élise.
2. Paul écrit ce message pour…
   ☒ aller à un concert avec une amie.
3. Paul veut aller au concert quel jour ?
   Demain.
4. Les deux amis habitent dans quelle ville ?
   Rennes

3 Production écrite

EXERCICE 1

JOURNÉE D'ORIENTATION PROFESSIONNELLE

Nom : xxxx

Prénom : Alex

Adresse : 10 rue de la Tour Eiffel

Ville : Paris

Courriel : alex97@yahoo.de

Sexe : masculin

École : Hauptgymnasium, Berlin

Langue maternelle : allemand

Première langue étrangère : anglais

Profession préférée : professeur

Loisirs : musique, sports, voyages

EXERCICE 2

Nouveau Message

Fichier Édition Affichage Insertion Format Outils Message ?

Envoyer Enregistrer Imprimer Joindre Contacts

De :

Objet :

Cher Xavier,

Tu arrives quand pendant les vacances ? Comme activités, j'ai deux idées : on peut aller à la piscine dans ma ville ou on peut faire du vélo dans la forêt. Tu veux faire quoi ?

Réponds vite !

Salut,

Clémentine

(40 mots)

4 Production orale

Déroulement de l'épreuve : vous indiquez très clairement au candidat les trois parties de l'épreuve. Vous lui donnez les cartes sur lesquelles figurent les mots-clés pour la 2e partie de l'épreuve, les photos ou dessins, ainsi que les billets et les pièces de monnaie pour la troisième partie de l'épreuve. Les 10 minutes de préparation dont dispose le candidat avant l'épreuve sont destinées à lui permettre de se préparer aux parties 2 et 3.

Durée totale de passation de l'épreuve : 5 à 7 minutes.

1 ENTRETIEN DIRIGÉ – *1 minute environ*

***Objectif :* se présenter, parler de soi.**
Les questions posées très lentement au candidat lui permettent de parler de lui-même, de sa famille, de ses goûts et de ses activités... Si le candidat ne comprend pas, vous reformulez la question.
Exemples de questions :
- Vous vous appelez comment ?
- Votre nom, comment ça s'écrit ?
- Parlez-moi de votre famille. Vous avez des frères et sœurs ? Ils habitent où ? Qu'est-ce qu'ils font ?
- Quelle est votre nationalité ?
- Quelle est votre ville d'origine ? Parlez-moi de votre appartement/de votre maison.
- Parlez-moi d'une journée habituelle. Vous vous levez à quelle heure ? Qu'est-ce que vous mangez pour le petit-déjeuner ? Vous rentrez à quelle heure ? Qu'est-ce que vous faites le soir ?
- Vous habitez loin d'ici ?
- Vous êtes en quelle classe ? Quelles matières préférez-vous ?
- Qu'est-ce que vous faites le week-end ? Vous aimez le sport ? Quel sport est-ce que vous faites ?

Ou toute autre question adaptée au niveau que les réponses du candidat peuvent provoquer.

2 ÉCHANGE D'INFORMATIONS – AVEC PRÉPARATION – *2 minutes environ*

***Objectif :* poser des questions.**
Vous remettez au candidat 5 ou 6 cartes sur lesquelles figurent les mots-clés. Celui-ci devra vous poser des questions en fonction de ces mots, ce qui ne signifie pas leur réutilisation littérale.
Répondez brièvement aux questions.

Tu regardes la télévision quand ? Qui choisit le programme ou le film dans ta famille ?
Tu manges quelque chose devant la télévision ?
Est-ce que tu lis parfois le journal ? Est-ce que tu lis des magazines ? Quel type de magazines tu aimes ?
Qu'est-ce que tu écoutes comme musique ?
Tu as un téléphone portable ? Comment est ton téléphone ?
Est-ce que tu as un film préféré ? Avec qui est-ce que tu vas au cinéma ?
Combien de livres tu lis par an ? Tu dois lire des livres pour l'école ?
Tu as un ordinateur ? Qu'est-ce que tu fais sur l'ordinateur ?
Qu'est-ce que tu fais sur Internet ?

3 DIALOGUE SIMULÉ OU JEU DE RÔLE – AVEC PRÉPARATION – *2 minutes environ*

***Objectif :* obtenir des biens et des services.**
Le candidat est le/la client(e). En interaction avec vous, il doit obtenir un ou plusieurs produits ou services parmi ceux présentés sous forme d'images. Il posera des questions sur le prix, indiquera la quantité voulue et demandera ou donnera d'éventuelles informations, puis il paiera avec les pièces de monnaie et billets fictifs que vous lui aurez remis.
Si le candidat ne vous comprend pas, vous reformulez en parlant plus lentement.
Vous pouvez utiliser les images données ou d'autres images de votre choix à condition qu'elles soient claires et qu'elles aient trait à la vie quotidienne.

Sujet 1 : À l'agence de voyage
A : Bonjour, Madame.
B : Bonjour. Je peux vous aider ?
A : Oui, merci. Je voudrais aller à Paris.
B : Vous voulez partir quand ?
A : Ce week-end. Samedi.
B : À quelle heure ?
A : Le matin. Combien ça coûte en train ?
B : 150€.
A : Et en avion ?
B : 350€.
A : Et en car ?
B : 80€.
A : Alors, je prends un ticket pour une personne en car.
B : 80€ s'il vous plaît.
A : Voilà.
B : Bon voyage.
A : Merci et au revoir.

Sujet 2 : Au café
A : Bonjour, Monsieur.
B : Bonjour, qu'est-ce que vous voulez ?
A : Je voudrais un chocolat chaud, s'il vous plaît.
B : Un grand ou un petit ?
A : Un petit.
B : Vous voulez manger un gâteau avec votre chocolat ?
A : Bonne idée ! Vous avez quoi comme gâteaux ?
B : Un gâteau au chocolat ou un gâteau aux fruits.
A : Combien coûte un gâteau au chocolat, s'il vous plaît.
B : 4 €.
A : D'accord. Ça fait combien en tout ?
B : 7€.
A : Voilà.
B : Merci.

1 Compréhension de l'oral

Transcription des documents audio

L'enregistrement comporte l'ensemble des consignes ainsi que les temps de pause entre les écoutes.
Le surveillant ne doit donc pas intervenir avant la fin de l'épreuve.

DELF A1 version scolaire et junior, épreuve orale collective

Exercice 1

Vous allez entendre 2 fois un document. Vous avez 30 secondes de pause entre les deux écoutes puis 30 secondes pour vérifier vos réponses. Lisez les questions.

[pause de 30 secondes]

Première écoute

Et voilà notre nouvelle émission de radio. Écoutez nos invités. Ils donnent des idées pour être en bonne santé !

Monsieur	Un problème pour la santé, c'est le sucre. Ne buvez pas trop de boissons sucrées. Il faut manger beaucoup de fruits et des légumes frais.
Dame	Moi, je bois beaucoup d'eau chaque jour. Bien sûr, il faut aussi faire régulièrement du sport !

[pause de 30 secondes]

Deuxième écoute

[pause de 30 secondes]

Exercice 2

Vous allez entendre 2 fois un document. Vous avez 30 secondes de pause entre les deux écoutes puis 30 secondes pour vérifier vos réponses. Lisez les questions.

[pause de 30 secondes]

Première écoute

Sonia	Maman, j'ai 18 ans maintenant. Est-ce que je peux demander ma carte d'identité toute seule ?
La mère	Oui, bien sûr.
Sonia	Et qu'est-ce que je dois faire ?
La mère	Tu dois aller à la mairie pour remplir un formulaire et je crois qu'il faut apporter des photos. Regarde sur Internet et cherche le numéro de téléphone pour prendre rendez-vous.
Sonia	J'ai trouvé, c'est le 0892 39 01 57. Je téléphone tout de suite.

[pause de 30 secondes]

Deuxième écoute

[pause de 30 secondes]

Exercice 3

Vous allez entendre 2 fois un document. Vous avez 30 secondes de pause entre les deux écoutes puis 30 secondes pour vérifier vos réponses. Lisez les questions.

[pause de 30 secondes]

Première écoute

(Message radio)
Venez dans notre boutique « La vie en rose » au 124, rue Georges Brassens. Nous vous proposons des belles fleurs, 8 € le bouquet de 10 roses mais aussi des plantes pour votre appartement ou des arbres pour votre jardin. Pour commander des fleurs, appelez-nous au 03.25.46.78.94.

[pause de 30 secondes]

Deuxième écoute

[pause de 30 secondes]

Exercice 4

Vous allez entendre plusieurs petits dialogues correspondant à des situations différentes. Vous avez 15 secondes de pause après chaque dialogue. Puis, vous allez entendre à nouveau les dialogues pour compléter vos réponses. Lisez d'abord les questions.

[pause de 30 secondes]

Première écoute

Situation 1 :
Bonjour, je m'appelle Émilie, je suis française. Je veux apprendre l'anglais, alors je travaille dans une boutique à San Francisco pour 6 mois.

[pause de 15 secondes]

Situation 2 :
Salut, je m'appelle Philippe, ma langue maternelle est le français mais je fais mes études de médecine en Allemagne depuis 8 ans.

[pause de 15 secondes]

Situation 3 :
Bonjour, je m'appelle Jérôme et je suis étudiant à Ottawa, au Canada, depuis 4 ans. Je parle un peu anglais mais j'ai encore besoin d'un dictionnaire. Je l'ai toujours sur moi !

[pause de 15 secondes]

Situation 4 :
- Ciao, Isabella !
- Oh, excusez-moi, je ne parle pas italien. Vous pouvez répéter, s'il vous plaît ?

[pause de 15 secondes]

Situation 5 :
- Bonjour, les enfants.
- Bonjour, Madame.
- Alors, aujourd'hui, nous faisons de la conjugaison. Anna, tu peux écrire au tableau le verbe « aimer » au présent, s'il te plaît ?

[pause de 30 secondes]

Deuxième écoute

[pause de 30 secondes]

L'épreuve est terminée. Veuillez poser vos stylos.

EXERCICE 1

1. Où se passe la scène ?
   À la radio.
2. Le journaliste parle avec combien de personnes ? Complétez.
   2
3. Il faut manger et boire beaucoup de... *(3 réponses)*
   fruits et légumes frais et beaucoup d'eau.

EXERCICE 2

1. Cette scène se passe...
   ☒ à la maison.
2. À quel âge on demande la carte d'identité tout seul ?
   À 18 ans.
3. Complétez le numéro de téléphone de service.
   08 92 39 01 57

EXERCICE 3

1. Cette publicité parle...
   ☒ d'un magasin de fleurs.
2. On peut acheter...
   des fleurs.
3. Un bouquet de roses coûte combien ?
   8 euros

EXERCICE 4

Situation n° 1

Émilie veut apprendre quelle langue ?	
L'anglais.	☒

Situation n° 2

Qu'est-ce que le français pour Philippe ?	
Sa langue maternelle.	☒

Situation n° 3

De quoi Jérôme a besoin ?	
D'un dictionnaire.	☒

Situation n° 4

Que doit faire la personne ?	
Répéter.	☒

Situation n° 5

Que font les enfants ?	
De la conjugaison.	☒

2 Compréhension des écrits

EXERCICE 1

1. L'équipe SOLIDARITÉ SPORT organise…
   ☒ un événement pour la famille.
2. L'événement est gratuit pour…
   ☒ les enfants.
3. On peut gagner…
   ☒ des ballons.

EXERCICE 2

1. Les nouvelles tendances de coiffure sont…
   ☒ les blonds féminins.
2. Les cheveux peuvent être…
   ☒ courts ou longs.
3. Quel jour est-ce qu'on peut essayer une nouvelle coiffure ?
   Le 1er octobre.

EXERCICE 3

1. Cette crème est pour…
   les mains.
2. Notez deux parfums de cette crème.
   Orange et rose.
3. Quand vous achetez deux crèmes, on vous donne…
   ☒ une réduction.
4. Combien de temps dure la promotion ?
   Une semaine.

EXERCICE 4

1. Stéphane habite…
   ☒ à la campagne.
2. Où est-ce que Stéphane peut faire les courses ?
   Au centre commercial.
3. Dans quelle région habite Stéphane maintenant ?
   En Provence.
4. Il invite son copain pour…
   ☒ deux jours.

3 Production écrite

EXERCICE 1

Nom : XXXXX

Prénom : Alex

Âge : 14 ans

Classe : 8ème

Nom du professeur de français : Madame Lejeune

Adresse : 10 rue de la Tour Eiffel

Ville : Paris

Numéro de téléphone : 01 64 45 48 49

Courriel : alex97@yahoo.de

Langue maternelle : allemand

Langues vivantes parlées : anglais et français

EXERCICE 2

Nouveau Message

Fichier Édition Affichage Insertion Format Outils Message ?

Envoyer Enregistrer Imprimer Joindre Contacts

De :

Objet :

Salut,

ma mère travaille comme vendeuse dans un magasin et mon père ne travaille pas actuellement.

Elle travaille tous les jours, mais jamais le dimanche ! Elle aime le contact avec les clients. Elle vend des produits de beauté, et moi, j'adore aller dans ce magasin : ça sent bon !

À plus
Sylvie

(50 mots)

4 Production orale

Déroulement de l'épreuve : vous indiquez très clairement au candidat les trois parties de l'épreuve. Vous lui donnez les cartes sur lesquelles figurent les mots-clés pour la 2e partie de l'épreuve, les photos ou dessins, ainsi que les billets et les pièces de monnaie pour la troisième partie de l'épreuve. Les 10 minutes de préparation dont dispose le candidat avant l'épreuve sont destinées à lui permettre de se préparer aux parties 2 et 3.

Durée totale de passation de l'épreuve : 5 à 7 minutes..

1 ENTRETIEN DIRIGÉ – *1 minute environ*

***Objectif* : se présenter, parler de soi.**

Les questions posées très lentement au candidat lui permettent de parler de lui-même, de sa famille, de ses goûts et de ses activités... Si le candidat ne comprend pas, vous reformulez la question.

Exemples de questions :

- Vous vous appelez comment ?
- Votre nom, comment ça s'écrit ?
- Parlez-moi de votre famille. Vous avez des frères et sœurs ? Ils habitent où ? Qu'est-ce qu'ils font ?
- Quelle est votre nationalité ?
- Quelle est votre ville d'origine ? Parlez-moi de votre appartement/de votre maison.
- Parlez-moi d'une journée habituelle. Vous vous levez à quelle heure ? Qu'est-ce que vous mangez pour le petit-déjeuner ? Vous rentrez à quelle heure ? Qu'est-ce que vous faites le soir ?
- Vous habitez loin d'ici ?
- Vous êtes en quelle classe ? Quelles matières préférez-vous ?
- Qu'est-ce que vous faites le week-end ? Vous aimez le sport ? Quel sport est-ce que vous faites ?

Ou toute autre question adaptée au niveau que les réponses du candidat peuvent provoquer.

2 ÉCHANGE D'INFORMATIONS – AVEC PRÉPARATION – *2 minutes environ*

***Objectif* : poser des questions.**

Vous remettez au candidat 5 ou 6 cartes sur lesquelles figurent les mots-clés. Celui-ci devra vous poser des questions en fonction de ces mots, ce qui ne signifie pas leur réutilisation littérale.

Répondez brièvement aux questions.

Est-ce que tu aimes lire ? Combien de livres tu as dans ta chambre ? Quel est ton livre préféré ? Tes parents aiment la lecture ?
Qu'est-ce que tu fais comme sport ? Tu le fais en club ? Tu fais des compétitions ?
Est-ce que tu utilises souvent Internet ? Qu'est-ce que tu fais sur Internet ?
Tu vas quand et avec qui à la piscine ? Tu préfères les piscines à l'extérieur ou à l'intérieur ?
Avec qui tu aimes te promener ? Tu vas où pour te promener ?
Tu vas où au cinéma ? Quels films tu préfères regarder au cinéma ?
Est-ce que tu aimes dessiner ? Tu es une personne créative ? Qu'est-ce que tu aimes fabriquer ?
Est-ce que tu as une télévision dans ta chambre ? Tu regardes souvent la télévision ?
Tu vas souvent à des concerts?
Est-ce que tu as déjà regardé un opéra à la télévision ?
Qu'est-ce que tu fais pendant les vacances ?

3 DIALOGUE SIMULÉ OU JEU DE RÔLE – AVEC PRÉPARATION – *2 minutes environ*

***Objectif :* obtenir des biens et des services.**

Le candidat est le/la client(e). En interaction avec vous, il doit obtenir un ou plusieurs produits ou services parmi ceux présentés sous forme d'images. Il posera des questions sur le prix, indiquera la quantité voulue et demandera ou donnera d'éventuelles informations, puis il paiera avec les pièces de monnaie et billets fictifs que vous lui aurez remis.

Si le candidat ne vous comprend pas, vous reformulez en parlant plus lentement.

Vous pouvez utiliser les images données ou d'autres images de votre choix à condition qu'elles soient claires et qu'elles aient trait à la vie quotidienne.

Sujet 1 : Dans un grand magasin

A : Bonjour, Madame.
B : Bonjour. Je peux vous aider ?
A : Oui, merci. Je cherche une chaise de bureau.
B : Vous voulez une couleur précise ?
A : Noir ou blanc. Combien ça coûte ?
B : En plastique, ça coûte 29€. Vous voulez voir autre chose ?
A : Oui. Je voudrais une mini-chaîne.
B : Avec lecteur CD et radio ?
A : Et MP3, s'il vous plaît. Ça coûte combien ?
B : Nous avons une mini-chaîne en promotion à 39€.
A : Super !
B : Ça sera tout ?
A : Oui.
B : 68€ s'il vous plaît.
A : Voilà.
B : Bonne journée.
A : Merci, vous aussi.

Sujet 2 : À la station-service

A : Bonjour, Monsieur.
B : Bonjour.
A : Je cherche une carte de France, vous en avez ?
B : Bien sûr. Vous voulez autre chose ?
A : Je voudrais un magazine sur les spécialités françaises, s'il vous plaît. Il coûte combien ?
B : 8€. Avec ceci ?
A : Une grande bouteille d'eau s'il vous plaît. Ça fait combien ?
B : 19,50€.
A : Voilà. Au revoir.
B : Merci et à bientôt.

1 Compréhension de l'oral

Transcription des documents audio

L'enregistrement comporte l'ensemble des consignes ainsi que les temps de pause entre les écoutes.
Le surveillant ne doit donc pas intervenir avant la fin de l'épreuve.

DELF A1 version scolaire et junior, épreuve orale collective

Exercice 1

Vous allez entendre 2 fois un document. Vous avez 30 secondes de pause entre les deux écoutes puis 30 secondes pour vérifier vos réponses. Lisez les questions.

[pause de 30 secondes]

Première écoute

- Merci pour votre invitation à la radio pour parler de nos métiers. Je travaille pour Météo France. Je regarde les changements du temps et l'évolution du climat.
- Bonsoir, tout le monde. Je suis ingénieur en informatique et travaille pour les Télécoms, je m'occupe des portables.

[pause de 30 secondes]

Deuxième écoute

[pause de 30 secondes]

Exercice 2

Vous allez entendre 2 fois un document. Vous avez 30 secondes de pause entre les deux écoutes puis 30 secondes pour vérifier vos réponses. Lisez les questions.

[pause de 30 secondes]

Première écoute

- Allô ?
- Salut, Martine, c'est Anne.
- Ah, salut, Anne, ça va ?
- Oui, très bien. Tu as envie d'aller au cinéma dimanche soir à 20 h 15 ?
- Oui, bien sûr. Je vais passer le week-end chez mes grands-parents, c'est l'anniversaire de ma grand-mère, mais le soir, c'est possible.
- Super. Tu m'appelles quand tu arrives ? Mon numéro de portable est le 06 22 89 45 56.

[pause de 30 secondes]

Deuxième écoute

[pause de 30 secondes]

Exercice 3

Vous allez entendre 2 fois un document. Vous avez 30 secondes de pause entre les deux écoutes puis 30 secondes pour vérifier vos réponses. Lisez les questions.

[pause de 30 secondes]

Première écoute

Bonjour, je m'appelle André. Je pense que les femmes peuvent avoir un enfant et un travail. Ce n'est pas un problème.	Salut, je suis Véronique. Je trouve que la mère ou le père doit travailler à la maison. Ils ne doivent pas oublier leurs enfants.	Bonjour, moi, c'est Julie. Je gagne plus d'argent que mon mari. Donc, c'est moi qui travaille. Notre fils n'a pas de problèmes avec ça.

[pause de 30 secondes]

Deuxième écoute

[pause de 30 secondes]

Exercice 4

Vous allez entendre plusieurs petits dialogues correspondant à des situations différentes. Vous avez 15 secondes de pause après chaque dialogue. Puis, vous allez entendre à nouveau les dialogues pour compléter vos réponses. Lisez d'abord les questions.

[pause de 30 secondes]

Première écoute

Situation 1 :
- Salut, tu veux venir te promener avec moi dans la forêt ?
- Ok.

[pause de 15 secondes]

Situation 2 :
- Regarde les zèbres, ils sont beaux !
- Oui et j'adore le zoo !

[pause de 15 secondes]

Situation 3 :
- Bonjour ! La mairie, c'est où, s'il vous plaît ?
- C'est facile ! Vous allez tout droit et vous prenez la première rue à gauche.

[pause de 15 secondes]

Situation 4 :
- Bonjour, je suis le nouveau voisin du 8ème, M. Durand.
- Bonjour, je suis Mme Lavande et j'habite au 1er étage !

[pause de 15 secondes]

Situation 5 :
- Regarde mon nouveau poisson rouge, il s'appelle Nemo !
- J'adore les poissons clown !

[pause de 30 secondes]

Deuxième écoute

[pause de 30 secondes]

L'épreuve est terminée. Veuillez poser vos stylos.

EXERCICE 1

1. Le scène se passe…
   à la radio.
2. Combien de personnes parlent ? Complétez.
   ...2.... personnes.
3. Ces personnes travaillent pour… *(2 réponses)*
   la météo et les Télécoms.

EXERCICE 2

1. Cette scène se passe…
   ☒ au téléphone.
2. À quelle heure les copines veulent se retrouver ?
   20 h 15
3. Complétez le numéro de téléphone :
   ..06 22 89 45 56...

EXERCICE 3

1. Trouve un titre pour cette émission à la radio :
   ☒ le travail et les enfants
2. André pense qu'une femme avec un enfant…
   ☒ peut travailler.
3. Julie…
   ☒ travaille.

EXERCICE 4

Situation n° 1

De quoi on parle ?	
D'une promenade en forêt.	☒

Situation n° 2

Où sont les personnes ?	
Au zoo.	☒

Situation n° 3

Où la personne veut aller ?	
À la mairie.	☒

Situation n° 4

Qui parle ?	
M. Durand.	☒

Situation n° 5

Qu'est-ce que la personne a ?	
Un poisson rouge.	☒

2 Compréhension des écrits

EXERCICE 1

1. On propose quoi ?
   Un cours de français.
2. On peut prendre des cours de…
   ☒ vocabulaire.
3. On offre gratuitement…
   ☒ un test.

EXERCICE 2

1. Le thème de ce texte est une fête avec…
   ☒ des voisins.
2. On fête cet événement pour la…
   ☒ quatorzième fois.
3. On fête cet événement dans…
   ☒ beaucoup de villes.

EXERCICE 3

1. Ce texte est…
   ☒ un test.
2. Ici, on peut découvrir…
   ☒ la coiffure idéale.
3. On pose les questions aux…
   ☒ femmes.

EXERCICE 4

	N° du signe astrologique:
Il faut rester positif.	3
Il faut faire attention aux choses sucrées.	4
Il faut être plus sportif.	2
Il faut faire attention à l'argent.	5

3 Production écrite

EXERCICE 1

Nom : xxxx

Prénom : Alex

Adresse : 10 rue de la Tour Eiffel

Code postal : 75001

Ville et pays : Paris, France

Numéro de téléphone : 01 64 45 48 49

Date de naissance : 21 juin 2002

Lieu de naissance : Lyon

Nationalité : français

Situation de famille : célibataire

Passeport valable jusqu'au : 18 juin 2022

EXERCICE 2

Nouveau Message

Fichier Édition Affichage Insertion Format Outils Message ?

Envoyer Enregistrer Imprimer Joindre Contacts

De :

Objet :

Salut Paul,

Tu vas bien ? Moi, super !
Je suis dans une nouvelle école. C'est génial ! Ma classe est très sympa. Il y a 27 élèves. Mon prof de français, c'est madame Lejeune. Elle est stricte mais sympa. Ma matière préférée, c'est le sport ! J'adore le foot !

À bientôt,
Alex

(47 mots)

4 Production orale

Déroulement de l'épreuve : vous indiquez très clairement au candidat les trois parties de l'épreuve. Vous lui donnez les cartes sur lesquelles figurent les mots-clés pour la 2e partie de l'épreuve, les photos ou dessins, ainsi que les billets et les pièces de monnaie pour la troisième partie de l'épreuve. Les 10 minutes de préparation dont dispose le candidat avant l'épreuve sont destinées à lui permettre de se préparer aux parties 2 et 3.

Durée totale de passation de l'épreuve : 5 à 7 minutes.

1 ENTRETIEN DIRIGÉ – *1 minute environ*

***Objectif* : se présenter, parler de soi.**
Les questions posées très lentement au candidat lui permettent de parler de lui-même, de sa famille, de ses goûts et de ses activités... Si le candidat ne comprend pas, vous reformulez la question.
Exemples de questions :
- Vous vous appelez comment ?
- Votre nom, comment ça s'écrit ?
- Parlez-moi de votre famille. Vous avez des frères et sœurs ? Ils habitent où ? Qu'est-ce qu'ils font ?
- Quelle est votre nationalité ?
- Quelle est votre ville d'origine ? Parlez-moi de votre appartement/de votre maison.
- Parlez-moi d'une journée habituelle. Vous vous levez à quelle heure ? Qu'est-ce que vous mangez pour le petit-déjeuner ? Vous rentrez à quelle heure ? Qu'est-ce que vous faites le soir ?
- Vous habitez loin d'ici ?
- Vous êtes en quelle classe ? Quelles matières préférez-vous ?
- Qu'est-ce que vous faites le week-end ? Vous aimez le sport ? Quel sport est-ce que vous faites ?

Ou toute autre question adaptée au niveau que les réponses du candidat peuvent provoquer.

2 ÉCHANGE D'INFORMATIONS – AVEC PRÉPARATION – *2 minutes environ*

***Objectif* : poser des questions.**
Vous remettez au candidat 5 ou 6 cartes sur lesquelles figurent les mots-clés. Celui-ci devra vous poser des questions en fonction de ces mots, ce qui ne signifie pas leur réutilisation littérale.
Répondez brièvement aux questions.

1.
Quelle est la profession de ton père/de ta mère ?
Quelle est ta profession préférée ?

2.
Est-ce que tu es souvent malade ?
Est-ce que tu vas souvent chez le médecin ?

3.
Où travaille un cuisinier ?
Qu'est-ce qu'il prépare ?
Qu'est-ce qu'il achète pour cuisiner ?

4.
Comment s'appelle ton/ta prof de français ?
Tu as un ou une professeur préféré(e) ? Qu'est-ce que tu aimes chez lui/elle ?

5.
Où travaille un boulanger ?
Qu'est-ce qu'il vend ?

6.
Tu connais un architecte ?

7.
Est-ce que tu aimes les voyages ?
Quelles villes/quels pays tu connais déjà ?
Est-ce que tu as une ville/un pays préféré(e) ?

8.
Quel est ton film préféré ?
Quel est ton acteur préféré ?
Quelle est ton actrice préférée ?

9.
Quel est ton chanteur préféré ?
Quelle est ta chanteuse préférée?
Quelle est ta chanson préférée ?
Quel style de musique tu aimes écouter ?

10.
Est-ce que ton père travaille avec une secrétaire ?

11.
Est-ce que tes parents travaillent dans une entreprise ?
Toute la journée ?

12.
Parle de ton école : Est-ce qu'il y a une cantine ?
Tu manges là tous les jours ?
Quelles sont tes matières préférées ?
Est-ce que tu veux aussi travailler dans une école ?

3 DIALOGUE SIMULÉ OU JEU DE RÔLE – AVEC PRÉPARATION – *2 minutes environ*

***Objectif :* obtenir des biens et des services.**
Le candidat est le/la client(e). En interaction avec vous, il doit obtenir un ou plusieurs produits ou services parmi ceux présentés sous forme d'images. Il posera des questions sur le prix, indiquera la quantité voulue et demandera ou donnera d'éventuelles informations, puis il paiera avec les pièces de monnaie et billets fictifs que vous lui aurez remis.
Si le candidat ne vous comprend pas, vous reformulez en parlant plus lentement.
Vous pouvez utiliser les images données ou d'autres images de votre choix à condition qu'elles soient claires et qu'elles aient trait à la vie quotidienne.

Sujet 1 : Dans une grande librairie
A : Bonjour, Madame.
B : Bonjour.
A : Je voudrais ce DVD. Il coûte combien ?
B : Le DVD coûte 9€. Vous voulez autre chose ?
A : Oui, je prends aussi ce livre et cette carte postale, ça coûte combien ?
B : La carte coûte 1€ et le livre 5,50€. C'est tout ?
A : Oui, combien ça fait en tout ?
B : Ça fait 15,50€.
A : Voilà. Et est-ce que je peux écouter un CD ?
B : Oui bien sûr !
A : Merci et bonne journée.
B : De rien. Au revoir et bonne journée.

Sujet 2 : Dans un magasin d'électronique
A : Bonjour, Madame.
B : Bonjour.
A : Je voudrais un lecteur Mp3 s'il vous plaît, ça coûte combien ?
B : Avec la radio ?
A : Oui.
B : 30€. Vous voulez autre chose ?
A : Je cherche un portable pas cher. Vous avez ça ?
B : Oui, j'ai un portable à 29€. Vous voulez quelle couleur ?
A : Noir, s'il vous plaît. Ça fait combien ?
B : 59€.
A : Voilà. Bonne journée.
B : Merci et au revoir.

1 Compréhension de l'oral

Transcription des documents audio

L'enregistrement comporte l'ensemble des consignes ainsi que les temps de pause entre les écoutes. Le surveillant ne doit donc pas intervenir avant la fin de l'épreuve.

DELF A1 version scolaire et junior, épreuve orale collective

Exercice 1

Vous allez entendre 2 fois un document. Vous avez 30 secondes de pause entre les deux écoutes puis 30 secondes pour vérifier vos réponses. Lisez les questions.

[pause de 30 secondes]

Première écoute

- Bonjour, ça va ?
- Non, ça ne va pas très bien, je crois que je vais aller chez le docteur.
- Pourquoi ? Qu'est-ce que tu as ?
- J'ai mal au ventre, je crois que j'ai mangé trop de chocolat !
- Bon courage !

[pause de 30 secondes]

Deuxième écoute

[pause de 30 secondes]

Exercice 2

Vous allez entendre 2 fois un document. Vous avez 30 secondes de pause entre les deux écoutes puis 30 secondes pour vérifier vos réponses. Lisez les questions.

[pause de 30 secondes]

Première écoute

Adrien	Regarde, Maman, il y a des exercices en ligne pour toutes les matières à l'école. Et c'est gratuit !
Maman	C'est une bonne idée, je n'ai pas toujours le temps de t'aider. Il y a aussi un service en direct pour poser des questions. Le numéro est : 03 42 78 67 55 de 8 heures à 19 heures.

[pause de 30 secondes]

Deuxième écoute

[pause de 30 secondes]

Exercice 3

Vous allez entendre 2 fois un document. Vous avez 30 secondes de pause entre les deux écoutes puis 30 secondes pour vérifier vos réponses. Lisez les questions.

[pause de 30 secondes]

Première écoute

(Annonce au micro)
Attention, la piscine du camping ferme dans 15 minutes, sortez de l'eau. N'oubliez pas de prendre vos serviettes. La piscine ouvre demain matin à 8 h 00. Bonne soirée !

[pause de 30 secondes]

Deuxième écoute

[pause de 30 secondes]

Exercice 4

Vous allez entendre plusieurs petits dialogues correspondant à des situations différentes. Vous avez 15 secondes de pause après chaque dialogue. Puis, vous allez entendre à nouveau les dialogues pour compléter vos réponses. Regardez d'abord les images.

[pause de 30 secondes]

Première écoute

Situation 1 :
- Voilà ma valise.
- C'est pour quel vol ?
- Strasbourg.

[pause de 15 secondes]

Situation 2 :
- Taxi ! 13, rue des Papillons.
- Voilà, on est arrivé, ça fait 6 €.

[pause de 15 secondes]

Situation 3 :
- On fait un tour en bateau aujourd'hui ?
- Ah non merci, je suis malade en bateau.

[pause de 15 secondes]

Situation 4 :
- Passeport s'il vous plaît...Voilà, bon séjour !
- Merci, au revoir !

[pause de 15 secondes]

Situation 5 :
- Je voudrais changer 500€ en dollars, s'il vous plaît.
- Voilà, 700 dollars. Bon voyage !

[pause de 30 secondes]

Deuxième écoute

[pause de 30 secondes]

L'épreuve est terminée. Veuillez poser vos stylos.

EXERCICE 1

1. La personne va…
   chez le docteur.
2. Elle a mal…
   ☒ au ventre.
3. Qu'est-ce qu'elle a mangé ?
   trop de chocolat

EXERCICE 2

1. Cette scène se passe…
   ☒ à la maison.
2. À quelle heure finit le service téléphonique ?
   À 19 heures.
3. Complétez le numéro de téléphone du service.
   03 42 78 67 55

EXERCICE 3

1. La piscine ferme dans…
   ☒ 15 minutes.
2. On vous demande de…
   ☒ sortir de la piscine.
3. La piscine ouvre à quelle heure le matin ?
   À 8 h 00.

EXERCICE 4

Image A	Image B	Image C
Situation n° pas de situation	Situation n° 5	Situation n° 2
Image D	**Image E**	**Image F**
Situation n° 1	Situation n° 4	Situation n° 3

2 Compréhension des écrits

EXERCICE 1

	N° du panneau:
Attention, traversée d'animaux.	2
Risque de feux de forêt	5
Attention, sortie école.	1

EXERCICE 2

1. Pierre Brunet pense qu'à l'âge de 2 ans…
   ☒ on peut apprendre une autre langue.
2. Avec le bébé, les parents parlent toujours…
   ☒ la langue maternelle.
3. L'enfant apprend bien quand…
   ☒ il joue avec quelqu'un.

EXERCICE 3

1. C'est un magasin de…
   ☒ meubles.
2. La promotion va jusqu'au 23 décembre.
3. Le 24 décembre, le magasin est ouvert…
   ☒ le matin.

EXERCICE 4

1. Quelle est l'adresse d'Élise ?
   2, Villa de l'Adour, 75020 Paris
2. Dessinez le chemin pour aller chez Élise :

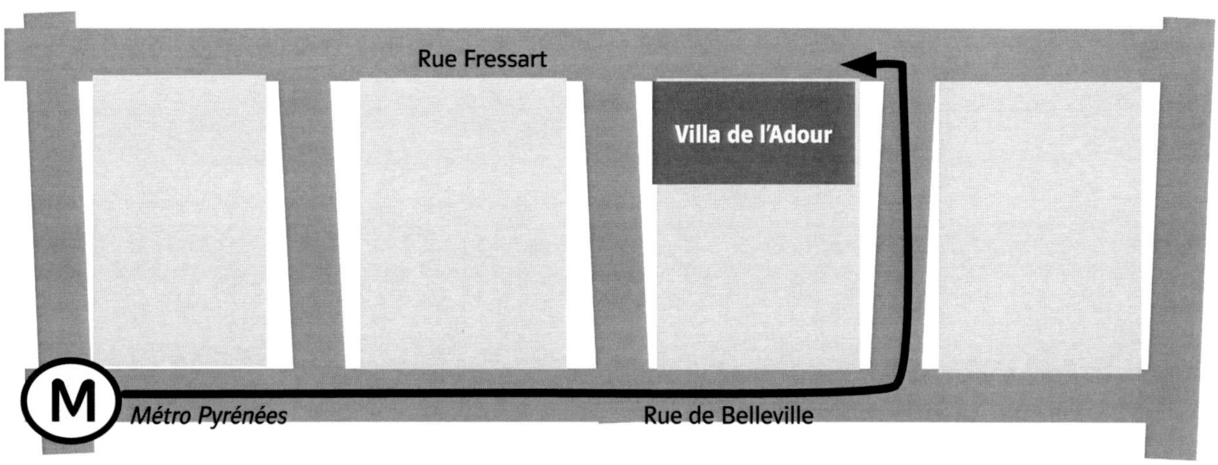

3. Élise vous invite…
   ☒ un week-end.
4. Vous voulez aller chez Élise, vous devez…
   ☒ écrire un mail.

3 Production écrite

EXERCICE 1

Nom : xxxx

Prénom: Alex

Rue : 10 rue de la Tour Eiffel

Ville : Paris

Courriel : alex97@yahoo.de

Âge : 15 ans

Nombre de frères et sœurs : 1

Film préféré : Les Chtis

Acteur préféré : Danny Boon

Actrice préférée : Marion Cotillard

Combien de fois allez-vous au cinéma par an ? 3 fois

EXERCICE 2

Nouveau Message

Fichier Édition Affichage Insertion Format Outils Message ?

Envoyer Enregistrer Imprimer Joindre Contacts

De :

Objet :

Salut,

Je m'appelle Anne et je viens de Stuttgart, en Allemagne. J'ai 14 ans et j'ai une sœur de 12 ans. Mon père et ma mère travaillent dans des bureaux.
Nous habitons dans une maison avec un jardin et nous avons deux chiens.

Et toi ? Réponds-moi vite !

À bientôt

Lise

(50 mots)

4 Production orale

Déroulement de l'épreuve : vous indiquez très clairement au candidat les trois parties de l'épreuve. Vous lui donnez les cartes sur lesquelles figurent les mots-clés pour la 2e partie de l'épreuve, les photos ou dessins, ainsi que les billets et les pièces de monnaie pour la troisième partie de l'épreuve. Les 10 minutes de préparation dont dispose le candidat avant l'épreuve sont destinées à lui permettre de se préparer aux parties 2 et 3.

Durée totale de passation de l'épreuve : 5 à 7 minutes.

1 ENTRETIEN DIRIGÉ – *1 minute environ*

***Objectif :* se présenter, parler de soi.**
Les questions posées très lentement au candidat lui permettent de parler de lui-même, de sa famille, de ses goûts et de ses activités... Si le candidat ne comprend pas, vous reformulez la question.
Exemples de questions :
- Vous vous appelez comment ?
- Votre nom, comment ça s'écrit ?
- Parlez-moi de votre famille. Vous avez des frères et sœurs ? Ils habitent où ? Qu'est-ce qu'ils font ?
- Quelle est votre nationalité ?
- Quelle est votre ville d'origine ? Parlez-moi de votre appartement/de votre maison.
- Parlez-moi d'une journée habituelle. Vous vous levez à quelle heure ? Qu'est-ce que vous mangez pour le petit-déjeuner ? Vous rentrez à quelle heure ? Qu'est-ce que vous faites le soir ?
- Vous habitez loin d'ici ?
- Vous êtes en quelle classe ? Quelles matières préférez-vous ?
- Qu'est-ce que vous faites le week-end ? Vous aimez le sport ? Quel sport est-ce que vous faites ?

Ou toute autre question adaptée au niveau que les réponses du candidat peuvent provoquer.

2 ÉCHANGE D'INFORMATIONS – AVEC PRÉPARATION – *2 minutes environ*

***Objectif :* poser des questions.**
Vous remettez au candidat 5 ou 6 cartes sur lesquelles figurent les mots-clés. Celui-ci devra vous poser des questions en fonction de ces mots, ce qui ne signifie pas leur réutilisation littérale.
Répondez brièvement aux questions.

Tu écris des lettres ou des cartes postales ? À qui tu écris des lettres ?
Tu vas à la poste seul ou tu demandes à tes parents ?
Tu as un portable ? Qu'est-ce que tu fais avec ton portable ? Tu écris / reçois / envoies beaucoup de SMS ?
Combien de courriels tu envoies par jour ?
Quelle est ton adresse mail ? Tu utilises les mails avec tes professeurs ?
Tu as déjà une carte bancaire ?
Tu vas souvent à la banque ?
Tu aimes bien les timbres ?
As-tu déjà vu un accident ?

3 DIALOGUE SIMULÉ OU JEU DE RÔLE – AVEC PRÉPARATION – *2 minutes environ*

***Objectif* : obtenir des biens et des services.**

Le candidat est le/la client(e). En interaction avec vous, il doit obtenir un ou plusieurs produits ou services parmi ceux présentés sous forme d'images. Il posera des questions sur le prix, indiquera la quantité voulue et demandera ou donnera d'éventuelles informations, puis il paiera avec les pièces de monnaie et billets fictifs que vous lui aurez remis.

Si le candidat ne vous comprend pas, vous reformulez en parlant plus lentement.

Vous pouvez utiliser les images données ou d'autres images de votre choix à condition qu'elles soient claires et qu'elles aient trait à la vie quotidienne.

Sujet 1 : Au club de vacances

A Bonjour, Madame.
B Bonjour.
A Je voudrais avoir des informations sur les activités dans votre club.
B Oui, bien sûr. Voilà notre prospectus. Tu peux faire du volley, du foot, du tennis, de la natation, du badminton et du VTT.
A Moi, j'aime bien la natation et le VTT, ça coûte combien ?
B L'entrée de la piscine, c'est 2,50 euros pour 2 heures et le VTT, c'est 5 euros pour 3 heures.
A Je vais faire du VTT et demain de la natation.
B D'accord.
A Est-ce que je peux déjà tout payer aujourd'hui ?
B Oui, bien sûr. Combien de temps est-ce que tu veux nager ?
A Deux heures,
B Alors, ça fait en tout 7,50 euros.
A Voici un billet de 10 euros.
B Merci… et 2,50 euros. Amuse-toi bien !
A Merci, au revoir !

Sujet 2 : Dans un magasin d'électronique

A Bonjour.
B Bonjour. Est-ce que je peux vous aider ?
A Oui, merci. Je cherche un cadeau de Noël pour ma famille.
B Oui bien sûr, vous avez déjà une idée ?
A Peut-être un ordinateur ou une tablette.
B Ah bien, j'ai un ordinateur pour 700 euros…, regardez, il est sur la table à gauche.
A Oh non, c'est trop cher !
B Alors peut-être cette tablette pour 200 euros ? Regardez, elle est sur la table à droite.
A D'accord. Je vais voir… Oui, elle me convient.
B De quelle couleur vous la voulez ?
A Noire, s'il vous plaît.
B D'accord, alors cela fait 200 euros.
A Est-ce que je peux payer par carte ?
B Bien sûr, allez à la caisse. Merci et bonne journée !

1 Compréhension de l'oral

Transcription des documents audio

L'enregistrement comporte l'ensemble des consignes ainsi que les temps de pause entre les écoutes.
Le surveillant ne doit donc pas intervenir avant la fin de l'épreuve.

DELF A1 version scolaire et junior, épreuve orale collective

Exercice 1

Vous allez entendre 2 fois un document. Vous avez 30 secondes de pause entre les deux écoutes puis 30 secondes pour vérifier vos réponses. Lisez les questions.

[pause de 30 secondes]

Première écoute

- Bonjour, je voudrais 200 euros de mon compte, s'il vous plaît et une carte bancaire.
- Voilà. La carte coûte 60 euros par an.

[pause de 30 secondes]

Deuxième écoute

[pause de 30 secondes]

Exercice 2

Vous allez entendre 2 fois un document. Vous avez 30 secondes de pause entre les deux écoutes puis 30 secondes pour vérifier vos réponses. Lisez les questions.

[pause de 30 secondes]

Première écoute

- Qu'est-ce que tu as fait à ta jambe ?
- Un accident de ski dans les Alpes ! Ça fait mal !
- Quand ?
- Il y a 10 jours !

[pause de 30 secondes]

Deuxième écoute

[pause de 30 secondes]

Exercice 3

Vous allez entendre 2 fois un document. Vous avez 30 secondes de pause entre les deux écoutes puis 30 secondes pour vérifier vos réponses. Lisez les questions.

[pause de 30 secondes]

Première écoute

(Annonce publicitaire)
Chers clients, je vous attends au rayon vêtements, au 5ème étage de notre magasin pour des promotions. Les jupes pour filles sont à 10€ et les T-shirts à 6€. Vite, vous n'avez que 20 minutes !

[pause de 30 secondes]

Deuxième écoute

[pause de 30 secondes]

Exercice 4

Vous allez entendre plusieurs petits dialogues correspondant à des situations différentes. Vous avez 15 secondes de pause après chaque dialogue. Puis, vous allez entendre à nouveau les dialogues pour compléter vos réponses. Regardez d'abord les images.

[pause de 30 secondes]

<u>Première écoute</u>

Situation 1 :
- Voilà votre pizza tomate fromage.
- Merci et je voudrais aussi un coca, s'il vous plaît.

[pause de 15 secondes]

Situation 2 :
- Garçon, l'addition, s'il vous plaît.
- 32€.

[pause de 15 secondes]

Situation 3 :
- Un café sans lait et sans sucre, s'il vous plaît.
- Voilà !

[pause de 15 secondes]

Situation 4 :
- Je voudrais le menu, s'il vous plaît.
- En plat du jour, nous avons steak frites, et en dessert, des crêpes.

[pause de 15 secondes]

Situation 5 :
- Tu veux un yaourt pour le petit-déjeuner ?
- Je préfère un croissant avec de la confiture !

[pause de 30 secondes]

<u>Deuxième écoute</u>

[pause de 30 secondes]

L'épreuve est terminée. Veuillez poser vos stylos.

EXERCICE 1

1. Combien d'argent veut la personne ?
   200 euros
2. La personne veut aussi...
   une carte bancaire.
3. Ce produit coûte...
   ☒ 60€.

EXERCICE 2

1. La personne a mal où ?
   À la jambe.
2. La personne a eu un accident de...
   ☒ ski.
3. La personne passe ses vacances dans...
   ☒ les Alpes.

EXERCICE 3

1. Où se trouve le rayon vêtements ?
   ☒ Au 5ème étage.
2. Une jupe coûte combien ?
   10 €
3. Qu'est-ce qui coûte 6 euros ?
   ☒ Un T-shirt.
4. Combien de temps dure la promotion ?
   ☒ 20 minutes.

EXERCICE 4

Image A

Situation n° 2

Image B

Situation n° 4

Image C

Situation n° 5

Image D

Situation n° 1

Image E

Situation n° 3

Image F

Situation n° pas de situation

2 Compréhension des écrits

EXERCICE 1

Situation	Vous répondez à l'annonce n°
Votre famille aime la nature et manger dehors.	3
Vous êtes 6 personnes.	2
Vous aimez visiter des musées, aller au cinéma…	4

EXERCICE 2

1. Vous passez une semaine dans une tente, combien ça coûte ?
   20 euros.
2. Le camping propose…
   ☒ des activités sportives.
3. Au camping, vous pouvez…
   ☒ faire des courses.

EXERCICE 3

1. Vous mangez trois jours à la cantine, vous payez…
   7,50 euros.
2. Complétez le tableau :

	Jour
Vous pouvez manger une entrée chaude quand ?	vendredi
Il y a des fruits quel jour ? *(2 réponses)*	mercredi vendredi
Vous pouvez manger des pâtes quand ?	mardi

EXERCICE 4

1. Marc a envoyé…
   ☒ un paquet.
2. Quand il reçoit le cadeau, le copain doit…
   ☒ téléphoner.
3. Qu'est-ce qui se passe mercredi ?
   Marc va recevoir le paquet.

3 Production écrite

EXERCICE 1

Hôpital pour enfants

Nom :	xxxx
Prénom :	Alex
Domicile :	10 rue de la Tour Eiffel, 75001, Paris
Date de naissance :	25 novembre 2000
Courriel :	alex97@yahoo.de
Nom du médecin de famille :	M. Legrand
N° de téléphone du médecin de famille :	+ 49 711 570 39 57
Personne à contacter en cas de problèmes :	M. et Mme XXXXX
N° de téléphone de la personne :	+ 49 711 987 35 26
Date d'entrée à l'hôpital :	23 décembre
N° de chambre :	875

EXERCICE 2

cuisinierenchef

Salut,

Je m'appelle Zoé et j'ai 13 ans. J'aime beaucoup les crêpes au Nutella ou à la confiture et le gâteau au chocolat. C'est mon dessert préféré ! Comme boisson, j'aime les jus de fruits (à la banane). Et vous, vous aimez quoi ?

Salut,

Zoé

(50 mots)

Ajouter un commentaire

4 Production orale

Déroulement de l'épreuve : vous indiquez très clairement au candidat les trois parties de l'épreuve. Vous lui donnez les cartes sur lesquelles figurent les mots-clés pour la 2e partie de l'épreuve, les photos ou dessins, ainsi que les billets et les pièces de monnaie pou la troisième partie de l'épreuve. Les 10 minutes de préparation dont dispose le candidat avant l'épreuve sont destinées à lui permettr de se préparer aux parties 2 et 3.

Durée totale de passation de l'épreuve : 5 à 7 minutes.

1 ENTRETIEN DIRIGÉ – *1 minute environ*

***Objectif* : se présenter, parler de soi.**
Les questions posées très lentement au candidat lui permettent de parler de lui-même, de sa famille, de ses goûts et de ses activités... Si le candidat ne comprend pas, vous reformulez la question.
Exemples de questions :
- Vous vous appelez comment ?
- Votre nom, comment ça s'écrit ?
- Parlez-moi de votre famille. Vous avez des frères et sœurs ? Ils habitent où ? Qu'est-ce qu'ils font ?
- Quelle est votre nationalité ?
- Quelle est votre ville d'origine ? Parlez-moi de votre appartement/de votre maison.
- Parlez-moi d'une journée habituelle. Vous vous levez à quelle heure ? Qu'est-ce que vous mangez pour le petit-déjeuner ? Vous rentrez à quelle heure ? Qu'est-ce que vous faites le soir ?
- Vous habitez loin d'ici ?
- Vous êtes en quelle classe ? Quelles matières préférez-vous ?
- Qu'est-ce que vous faites le week-end ? Vous aimez le sport ? Quel sport est-ce que vous faites ?

Ou toute autre question adaptée au niveau que les réponses du candidat peuvent provoquer.

2 ÉCHANGE D'INFORMATIONS – AVEC PRÉPARATION – *2 minutes environ*

***Objectif* : poser des questions.**
Vous remettez au candidat 5 ou 6 cartes sur lesquelles figurent les mots-clés. Celui-ci devra vous poser des questions en fonction de ces mots, ce qui ne signifie pas leur réutilisation littérale.
Répondez brièvement aux questions.

Comment est la météo aujourd'hui ?
Comment s'appelle l'école dans votre ville ?
Comment vous trouvez le temps aujourd'hui ?
Pourquoi est-ce que vous aimez les fleurs ?
Vous allez où à la montagne ?
Votre maison est en centre-ville ?
Vous habitez dans un village ?
Est-ce que vous avez un animal ?
Qu'est-ce que vous faites au lac ?
Est-ce que vous avez un jardin ?
Est-ce que vous aimez le soleil/l'été ?
Combien d'immeubles il y a dans votre quartier ?

3 DIALOGUE SIMULÉ OU JEU DE RÔLE – AVEC PRÉPARATION – *2 minutes environ*

***Objectif* : obtenir des biens et des services.**
Le candidat est le/la client(e). En interaction avec vous, il doit obtenir un ou plusieurs produits ou services parmi ceux présentés sous forme d'images. Il posera des questions sur le prix, indiquera la quantité voulue et demandera ou donnera d'éventuelles informations, puis il paiera avec les pièces de monnaie et billets fictifs que vous lui aurez remis.
Si le candidat ne vous comprend pas, vous reformulez en parlant plus lentement.
Vous pouvez utiliser les images données ou d'autres images de votre choix à condition qu'elles soient claires et qu'elles aient trait à la vie quotidienne.

Sujet 1 : À l'animalerie
A : Bonjour, Madame.
B : Bonjour. Je peux vous aider ?
A : Oui, merci. Je cherche un animal pour l'anniversaire de ma sœur.
B : Vous avez une question ?
A : Qu'est-ce que vous avez comme animaux ?
B : Nous avons des bébés chats, des bébés chiens, des poissons, des perroquets, des lapins et des poules.
A : Je voudrais un lapin blanc, combien ça coûte ?
B : Ça coûte 15€.
A : Super ! Voilà.
B : Merci.
A : Bonne journée.
B : Merci, à vous aussi.

Sujet 2 : À la réception de l'hôtel
A : Bonjour, Madame.
B : Bonjour. Je peux vous aider ?
A : Oui, merci. Je voudrais des informations sur les diférentes sorties.
B : Vous avez une question ?
A : Qu'est-ce qu'il y a comme sorties ?
B : Vous pouvez aller au théâtre, au cinéma ou à la piscine. Vous pouvez aussi aller à un concert de jazz, faire une activité dessin ou aller voir une exposition. Qu'est-ce que vous voulez faire ?
A : Je voudrais aller au cours de dessin, c'est quand ?
B : C'est le jeudi matin, à 10h00.
A : Ça coûte combien ?
B : Ça coûte 3€.
A : Super ! Et le cinéma, c'est quand ?
B : Tous les jours à 20h00. C'est gratuit pour les clients de l'hôtel.
A : Très bien. Alors voilà 3€ pour le cours de dessin.
B : Merci.
A : Bonne journée.
B : Merci, à vous aussi.

1 Compréhension de l'oral

Transcription des documents audio

L'enregistrement comporte l'ensemble des consignes ainsi que les temps de pause entre les écoutes.
Le surveillant ne doit donc pas intervenir avant la fin de l'épreuve.

DELF A1 version scolaire et junior, épreuve orale collective

Exercice 1

Vous allez entendre 2 fois un document. Vous avez 30 secondes de pause entre les deux écoutes puis 30 secondes pour vérifier vos réponses. Lisez les questions.

[pause de 30 secondes]

Première écoute

- J'ai trop chaud et j'ai oublié ma crème solaire !
- Dommage ! On reste encore un peu ?
- D'accord, 5 minutes, mais pas plus !

[pause de 30 secondes]

Deuxième écoute

[pause de 30 secondes]

Exercice 2

Vous allez entendre 2 fois un document. Vous avez 30 secondes de pause entre les deux écoutes puis 30 secondes pour vérifier vos réponses. Lisez les questions.

[pause de 30 secondes]

Première écoute

- Salut, Laure. Ça va ?
- Bof, je dois aller à l'ambassade mercredi pour faire faire mon passeport.
- Tu dois apporter quoi ?
- Une photo d'identité.

[pause de 30 secondes]

Deuxième écoute

[pause de 30 secondes]

Exercice 3

Vous allez entendre 2 fois un document. Vous avez 30 secondes de pause entre les deux écoutes puis 30 secondes pour vérifier vos réponses. Lisez les questions.

[pause de 30 secondes]

Première écoute

(Message répondeur)
Salut, Léa, c'est Lucie. Demain, à 18 h 00, je vais au karaoké avec mes copines. Tu sais que j'adore chanter ! Mes parents sont d'accord parce que c'est les vacances. Tu veux venir avec nous ? Rappelle-moi. Bisous !

[pause de 30 secondes]

Deuxième écoute

[pause de 30 secondes]

Exercice 4

Vous allez entendre plusieurs petits dialogues correspondant à des situations différentes. Vous avez 15 secondes de pause après chaque dialogue. Puis, vous allez entendre à nouveau les dialogues pour compléter vos réponses. Lisez d'abord les questions.

[pause de 30 secondes]

Première écoute

Situation 1 :
- Bonjour, vous allez à quel étage ?
- Au 8ème et vous ?
- Au 4ème.

[pause de 15 secondes]

Situation 2 :
- Où voulez-vous cet arbre ?
- Là, dans le jardin, à côté de la piscine.

[pause de 15 secondes]

Situation 3 :
- Maman, qu'est-ce qu'on mange ce soir ?
- De la salade et du poulet.
- Est-ce qu'on peut faire des crêpes après ?
- Oui, c'est une bonne idée !

[pause de 15 secondes]

Situation 4 :
- On écoute de la musique sur mon lit ?
- Je préfère regarder un film.
- D'accord !

[pause de 15 secondes]

Situation 5 :
- Tu as fini de prendre ta douche ?
- Non !
- Vite ! Je veux prendre un bain !

[pause de 30 secondes]

Deuxième écoute

[pause de 30 secondes]

L'épreuve est terminée. Veuillez poser vos stylos.

EXERCICE 1

1. Que font les deux filles ?
   Elles bronzent.

2. Une fille a oublié…
   la crème solaire.

3. Les deux copines sortent dans…
   ☒ 5 minutes.

EXERCICE 2

1. Laure doit aller où ?
   ☒ À l'ambassade.

2. Laure a rendez-vous quel jour ?
   Mercredi.

3. Laure doit apporter…
   une photo d'identité.

EXERCICE 3

1. Lucie propose d'aller où ?
   ☒ Au karaoké.

2. Pourquoi les parents de Lucie sont d'accord ?
   Parce que c'est les vacances.

3. Lucie adore…
   ☒ chanter.

EXERCICE 4

Situation n° 1

Où sont les personnes ?	
Dans l'ascenseur.	☒

Situation n° 2

Où est-ce qu'on va planter l'arbre ?	
Dans le jardin.	☒

Situation n° 3

Les personnes vont faire quoi ?	
Des crêpes.	☒

Situation n° 4

Que vont faire les personnes ?	
Regarder un film.	☒

Situation n° 5

Où se passe la scène ?	
Dans la salle de bains.	☒

2 Compréhension des écrits

EXERCICE 1

1. Ce document est…
   ☒ un ticket de caisse.
2. On a fait les courses quel mois ?
   En ... avril. ....
3. Les articles achetés sont pour…
   ☒ la salle de bains.

EXERCICE 2

1. Ici, on peut apprendre des choses sur…
   ☒ la politique.
2. Les enfants peuvent…
   ☒ poser des questions.
3. Ça se passe le ... 18 avril. ....

EXERCICE 3

1. Le Dr Asian est docteur pour…
   ☒ les dents.
2. Où habite le Dr Asian ?
   À Marseille. ....
3. Quand sont les consultations le mercredi ?
   De 8 h à 12 h et de 14 h à 18 h. ....

EXERCICE 4

1. C'est un mail pour…
   ☒ donner des informations sur un hôtel.
2. On peut réserver une chambre…
   ☒ du 24 au 31 août.
3. Pour réserver, on peut… *(3 réponses)*
   ☒ téléphoner.
   ☒ envoyer un mail.
   ☒ écrire une lettre.

3 Production écrite

EXERCICE 1

commissariat de police de Bordeaux

Nom : xxxx

Prénom : Alex

Adresse : 10 rue de la Tour Eiffel, 70001 Paris

Pays : France

Date de naissance : 4 mars 2001

Numéro de téléphone : 01 64 45 48 49

Courriel : alex97@yahoo.de

Date du vol : 31 mai

Lieu du vol : centre commercial

Cartes dans le porte-monnaie : carte bancaire, carte d'identité

Couleur du porte-monnaie : noir

EXERCICE 2

designer15

Salut,

Je suis Maxime et j'ai 12 ans. Mon look préféré en été est un jean avec un T-shirt et en hiver, un pantalon avec un pull. J'aime beaucoup les ceintures et ma couleur préférée est l'orange. La mode, c'est important pour moi !

Salut,

Maxime

(49 mots)

Ajouter un commentaire

4 Production orale

Déroulement de l'épreuve : vous indiquez très clairement au candidat les trois parties de l'épreuve. Vous lui donnez les cartes sur lesquelles figurent les mots-clés pour la 2e partie de l'épreuve, les photos ou dessins, ainsi que les billets et les pièces de monnaie pour la troisième partie de l'épreuve. Les 10 minutes de préparation dont dispose le candidat avant l'épreuve sont destinées à lui permettre de se préparer aux parties 2 et 3.

Durée totale de passation de l'épreuve : 5 à 7 minutes.

1 ENTRETIEN DIRIGÉ – *1 minute environ*

***Objectif* : se présenter, parler de soi.**

Les questions posées très lentement au candidat lui permettent de parler de lui-même, de sa famille, de ses goûts et de ses activités... Si le candidat ne comprend pas, vous reformulez la question.

Exemples de questions :

- Vous vous appelez comment ?
- Votre nom, comment ça s'écrit ?
- Parlez-moi de votre famille. Vous avez des frères et sœurs ? Ils habitent où ? Qu'est-ce qu'ils font ?
- Quelle est votre nationalité ?
- Quelle est votre ville d'origine ? Parlez-moi de votre appartement/de votre maison.
- Parlez-moi d'une journée habituelle. Vous vous levez à quelle heure ? Qu'est-ce que vous mangez pour le petit-déjeuner ? Vous rentrez à quelle heure ? Qu'est-ce que vous faites le soir ?
- Vous habitez loin d'ici ?
- Vous êtes en quelle classe ? Quelles matières préférez-vous ?
- Qu'est-ce que vous faites le week-end ? Vous aimez le sport ? Quel sport est-ce que vous faites ?

Ou toute autre question adaptée au niveau que les réponses du candidat peuvent provoquer.

2 ÉCHANGE D'INFORMATIONS – AVEC PRÉPARATION – *2 minutes environ*

***Objectif* : poser des questions.**

Vous remettez au candidat 5 ou 6 cartes sur lesquelles figurent les mots-clés. Celui-ci devra vous poser des questions en fonction de ces mots, ce qui ne signifie pas leur réutilisation littérale.

Répondez brièvement aux questions.

Comment vas-tu aujourd'hui ? Tu es content ?
Qu'est-ce que tu écoutes comme musique ?
Tu portes quoi comme parfum ?
Qui est gentil avec toi ? Tes copains sont dans ta classe ? Vous faites quoi ensemble ?
Tu aimes les films tristes ? Tu aimes regarder les films d'horreur ou tu préfères les comédies ?
Comment tu aimes les crêpes : sucrées, salées ?
Quel est ton parfum de glace préféré ? Quand est-ce que tu manges des glaces en général ?
Quel film on va voir aujourd'hui ?
Connais-tu des gens bêtes ?
Est-ce que tu goûtes toujours les plats que tu cuisines ?
Quels parfums aimes-tu sentir ?

3 DIALOGUE SIMULÉ OU JEU DE RÔLE – AVEC PRÉPARATION – *2 minutes environ*

***Objectif* : obtenir des biens et des services.**
Le candidat est le/la client(e). En interaction avec vous, il doit obtenir un ou plusieurs produits ou services parmi ceux présentés sous forme d'images. Il posera des questions sur le prix, indiquera la quantité voulue et demandera ou donnera d'éventuelles informations, puis il paiera avec les pièces de monnaie et billets fictifs que vous lui aurez remis.
Si le candidat ne vous comprend pas, vous reformulez en parlant plus lentement.
Vous pouvez utiliser les images données ou d'autres images de votre choix à condition qu'elles soient claires et qu'elles aient trait à la vie quotidienne.

Sujet 1 : À l'épicerie
A : Bonjour, Monsieur.
B : Bonjour. Je peux vous aider ?
A : Oui, merci. Je voudrais un kilo de bananes, s'il vous plaît.
B : Vertes ou jaunes, petites ou grandes ?
A : Des petites bananes vertes. Vous avez du pain ?
B : Bien sûr. Vous voulez combien de baguettes ?
A : Trois baguettes s'il vous plaît. Je cherche aussi du fromage…
B : Vous cherchez quoi exactement ?
A : Du camembert. Ça fait combien ?
B : Ça fait 15€.
A : Voilà. Merci et bonne journée.
B : Merci, vous aussi.

Sujet 2 : Au marché
A : Bonjour, Monsieur. Je voudrais 10 roses roouges pour l'anniversaire de ma mère.
B : Voici, c'est 10 euros le bouquet.
A : Super ! Voilà.
B : Merci.
A : Bonne journée.
…
A : Bonjour, Madame, je voudrais acheter ces chaussures et ce chapeau, s'il vous plaît.
B : Vous avez quelle pointure ?
A : Je fais du 37.
B : Vous les voulez en bleu ? Nous avons aussi des chaussures rouges ou blanches.
A : Non, merci, j'aime les chaussures bleues.
B : Elles coûtent 29€.
A : Et le chapeau ?
B : Il coûte 9€.
A : Voilà, bonne journée !
B : Bonne journée.